Les princesses ont toujours raison

Fabrice Midal

Les princesses ont toujours raison

La sagesse des contes et légendes pour déjouer les pièges d'aujourd'hui

Flammarion|Versilio

ISBN : 978-2-0804-2410-5

Sommaire

Introduction. Trouver le cap en des temps troublés 11

1. HANSEL ET GRETEL *ou le piège du bien-être* 25
2. CENDRILLON *ou la fin de la plainte* 31
3. PERCEVAL *ou oser poser des questions* 35
4. LA GRENOUILLE ET LE BŒUF *ou les secrets de la vanité* 39
5. LE PETIT POUCET *ou la puissance de l'action* 43
6. ULYSSE ET CALYPSO *ou le bonheur des limites de notre humanité* 49
7. LA PRINCESSE AU PETIT POIS *ou le diktat de l'apparence* 53

8. Jacob
ou comment une blessure devient force.... 59
9. Peau d'Âne
ou les lois étranges du désir..................... 63
10. La reine des Neiges
ou la dictature de l'efficacité.................. 67
11. Lancelot
ou les mirages qui tétanisent.................. 71
12. Le sage et le dindon
ou la malédiction du « il n'y a qu'à ».... 75
13. Naropa
ou le piège de la suffisance..................... 79
14. Narcisse
ou comment mettre fin au burn-out....... 83
15. Le vilain petit canard
ou l'obsession de la norme...................... 87
16. Orphée
ou la victoire sur ce qui nous empêche de vivre.. 91
17. Ali Baba
ou comment devenir riche...................... 95
18. Le terrier de Kafka
ou l'obsession de tout contrôler................. 99
19. Boucle d'Or et les trois ours
ou la sacralité de l'intimité..................... 103
20. Les trois souhaits
ou du bon usage d'un vœu..................... 107

21. ANTIGONE
ou la force de la résistance 111
22. LA PRINCESSE ET LE CRAPAUD
ou comment ne plus avoir peur de l'inconnu 115
23. JOB
ou faire la paix avec le non-sens 119
24. LE VAILLANT PETIT TAILLEUR
ou le secret de la confiance en soi 123
25. LE PETIT CHAPERON ROUGE
ou la rencontre de l'inconnu 127
26. JORRIK ET LE TRÉSOR DES TROLLS
ou les secrets oubliés de la volonté 131
27. THÉSÉE
ou l'art de sortir du labyrinthe des emmerdes 135
28. LES SIX CYGNES
ou le secret de l'attention 139
29. CE QUE LE VIEUX FAIT EST TOUJOURS BIEN FAIT
ou le secret de la sagesse 143
30. LES HABITS NEUFS DE L'EMPEREUR
ou le courage de la lucidité 147
31. SINDBAD LE MARIN
ou l'art de la sagesse 151
32. LA BELLE ET LA BÊTE
ou la force de la volonté 155

33. Écho
ou l'urgence de dire « je » 161
34. Les trois langages
ou ce qu'il faut savoir 165
35. Maître Banzo
ou comment apprendre
sans se prendre la tête 169
36. Neige-Blanche et Rose-Rouge
ou la gentillesse stupide 173
37. La Belle au bois dormant
ou savoir attendre le moment juste 177
38. Renart
ou l'importance de rire de la vie 181
39. Riquet à la houppe
ou le sens oublié du don 185
40. Blanche-Neige
ou comment se protéger de la jalousie 189

Remerciements 193

Introduction

Trouver le cap en des temps troublés

En CM1, une maîtresse fée m'avait donné envie de travailler. Elle avait une baguette magique : son art de raconter des histoires qui faisait rentrer dans ma tête les règles de grammaire les plus biscornues. Ses récits me donnaient des ailes, je m'identifiais, je me projetais, je vibrais, je ressentais des émotions qui m'aidaient à comprendre toutes les théories. Je ne me sentais plus à distance du savoir. Cette année-là, j'avais décroché un prix d'excellence – le seul de toute ma scolarité au cours de laquelle je suis loin d'avoir brillé.

Je me suis souvenu de cette année merveilleuse en me replongeant dans les débats autour des contes de fées qui avaient animé le XVIIe siècle en Europe. La question était la suivante : ces contes ne sont-ils que des histoires pour enfants sans intérêt, ou bien, comme l'affirmaient un certain nombre de penseurs, dont Charles Perrault, un juriste engagé dans la querelle des modernes et des anciens et auteur de contes, un trésor de l'humanité qui nous met en rapport avec une sagesse méritant d'être entendue ?

La deuxième option était évidemment la bonne. Elle tenait compte d'une réalité : l'humanité telle qu'on la connaît s'est forgée grâce aux histoires, aux contes, aux mythes qui se sont transmis au fil des âges. Ils ont toujours eu un rôle essentiel : aider chaque individu à trouver sa place dans le monde et, ainsi, l'inclure dans la société. Car chaque récit est une manière de dire : « Voilà comment tu peux te situer par rapport à la vie, aux autres, à ce que tu veux, à qui tu es. »

On sait aujourd'hui que les peintures préhistoriques laissées par Cro-Magnon n'étaient pas de simples dessins mais des récits sous-tendus par une mythologie qu'ils étaient destinés à transmettre. La Bible, les Upanishad, les mythes grecs, les Évangiles auraient-ils franchi les millénaires s'ils n'étaient que des recueils de commandements débarrassés des histoires qui portent ces commandements ? Je ne le pense pas. Leurs héritiers directs sont les romans, les films, les séries qui sont de même nature, obéissent à la même structure et relèvent du même mécanisme : un personnage qui a une faiblesse va affronter des épreuves, triompher d'obstacles, vivre des échecs, comprendre le monde, se comprendre lui-même et ainsi se transformer, se métamorphoser et grandir. Un discours qui, je le reconnais, est provocateur à notre époque où l'ambition d'une vie se résume à ce qu'elle soit « cool », calme, apaisée et même monotone.

Enfant puis adolescent, j'étais un grand amateur d'histoires. Adulte, j'ai continué à lire des contes et des mythes, en tant que philosophe cette fois, non pas pour me divertir, mais pour réfléchir. Ils sont devenus mes manuels, mes modes d'emploi de la vie. Cette lecture philosophique a longtemps été mon petit secret. Si j'ai choisi de la livrer aujourd'hui, c'est pour faire face à une urgence : celle d'un monde en crise, d'un temps de désorientation où nous avons besoin de trouver le cap et de le maintenir.

Je me suis plongé dans des centaines de contes du monde entier avant de sélectionner les quarante qui font l'objet de ce livre. Pourquoi ceux-là et pas d'autres ? Je ne saurais le dire puisque les mêmes messages, à quelques variantes près, se retrouvent partout. Sans doute sont-ils ceux qui m'avaient le plus ému quand j'étais jeune, ceux dont les héros, les héroïnes, m'avaient le plus aidé à traverser les épreuves, les difficultés, et continuent de le faire.

Ces histoires ont en effet une vertu : elles nous redonnent de l'espérance sans niaiseries, sans bons sentiments, elles nous portent pour que nous osions affronter les ogres, les monstres qui mènent des guerres, les menaces de destruction de la Terre, la violence sociale que nous vivons au quotidien. Elles ne nous disent pas « ce qu'on doit faire », mais elles nous aident à trouver en nous nos propres forces. Elles sont des scènes de théâtre sur lesquelles se jouent nos problèmes, nos pulsions, nos affects, et elles nous convient à porter un autre regard sur nous-mêmes, sur la société, sur le monde. Elles ne sont pas une fuite dans un ailleurs enchanté, mais elles représentent l'opportunité de prendre un moment d'arrêt pour retrouver de la force, du courage, de l'allant.

Ces histoires interrogent nos existences. J'y revois l'éclat de la philosophie de Socrate qui déambulait dans les rues, demandant à ceux qu'il croisait comment vivre, c'est-à-dire comment s'engager à user sans réserve de sa raison dans ses actions.

Chaque conte, chaque mythe devient philosophique quand il invite chacun d'entre nous à mieux savoir ce qu'il veut faire de sa vie. Le Petit Chaperon rouge nous convie à ne pas rester enfermés dans notre petit confort et à essayer d'entrer dans l'inconnu, même s'il nous semble menaçant, pour trouver notre propre voie. Tel est d'ailleurs l'acte philosophique de Kant qui, lorsqu'il fonde les Lumières, affirme fortement que chaque être humain doit cesser d'être un enfant et devenir adulte en pensant par lui-même. Les contes sont des scènes qui nous invitent à penser par nous-mêmes et à inventer notre propre vie.

D'où qu'ils proviennent, et quelle que soit l'époque où ils ont été narrés, ils reposent sur les mêmes fondamentaux universels et nous transmettent les mêmes leçons :

Leçon n° 1 – Être fort, c'est rencontrer ses failles et les assumer

Tous les héros, toutes les héroïnes de toutes les histoires ont au départ un handicap, ils semblent les moins favorisés : le Petit Poucet qui est minuscule, Jacob qui est faible et trop doux, le vilain petit canard qui est particulièrement laid à sa naissance, Orphée qui se retrouve veuf le jour de son mariage. Justement parce qu'ils ont cette difficulté, parce qu'ils sont nés blessés, ils vont s'ouvrir aux signaux faibles que les autres ne voient pas, chercher en eux des ressources, de la créativité, ils vont devoir gagner les forces qui ne leur ont pas été d'emblée données et ils finiront par se réaliser et triompher, devenant des rois, des papes, des patriarches.

Chacun d'entre nous est atypique. Nous avons tous des blessures et ces histoires sont là pour nous dire : au lieu d'en avoir honte, rentre dans les épreuves, quitte les rivages du convenu, le confort de l'obéissance, le comportement mimétique et découvre tes ressources cachées. C'est parce que tu es fragile, que tu bégayes, que tu es hypersensible, que tu vas devenir courageux. Cette leçon est d'autant plus importante que nous vivons dans un monde qui nous invite à nous endormir au lieu de participer à l'aventure et de conclure la paix avec notre vulnérabilité, avec notre humanité.

Leçon n° 2 – La puissance du féminin

Dès que l'on ôte nos œillères et que l'on sort de l'approche Walt Disney des contes, un constat s'impose : les princesses ont toujours raison. En plus, ce sont elles qui, dans la plupart des récits, tiennent le rôle central et actif, allant à l'encontre du discours convenu.

Les princesses, c'est Gretel qui se sort d'une situation inextricable alors que son frère, le pauvre Hansel, est un niais ne pensant qu'à s'empiffrer même quand c'est une sorcière qui le nourrit. C'est la sœur des six cygnes, les six malheureux frères qui s'abandonnent à leur sort tandis qu'elle travaille nuit et jour et parvient seule à les libérer de leur malédiction. C'est Ariane qui livre à Thésée la méthode pour triompher du labyrinthe du Minotaure. C'est la fidèle Morgiane qui sauve Ali Baba d'une mort certaine. C'est la Belle qui a seule le pouvoir de délivrer la Bête, réputée toute-puissante mais pourtant à deux doigts de se laisser mourir faute d'être capable de triompher des emmerdes. La Bête doit, de surcroît, attendre le libre consentement de la Belle – laquelle prend le temps de développer sa propre intelligence de la situation avant de dire oui ou non.

Et le prince, me direz-vous ? Curieusement, dans la plupart des récits, il est souvent impuissant, sinon passif. Y compris le prince charmant qui réveille la Belle au bois dormant uniquement parce qu'il est là au bon moment, quand les cent ans de sommeil ordonnés par les fées sont écoulés et que les portes du château de la Belle s'ouvrent toutes seules.

Parlons-en d'ailleurs de ces fées ! Bénéfiques ou maléfiques, elles sont des femmes agissantes, symboles de la puissance du féminin. Avez-vous remarqué que dans tous les contes, ce sont les femmes qui font appel aux fées ? Car elles seules savent avoir recours à cette magie qui représente l'imagination, la créativité.

Le masculin, lui, ne trouve sa place qu'en reconnaissant que les princesses ont toujours raison. C'est alors que le prince devient prince.

Leçon nº 3 – Ne pas avoir peur du négatif

Dans tous les récits apparaissent du sang, des ogres, de la cruauté, de l'effroyable et cela a longtemps troublé : pourquoi raconter ces histoires qui font peur durant les veillées ? Charles Perrault leur adjoindra des morales pour les rendre plus convenables, la psychanalyse mettra en exergue les conflits psychiques qu'elles symbolisent. D'un point de vue philosophique, l'affaire est plus prosaïque : ces histoires décrivent notre expérience humaine où existe le terrifiant, l'effroi, l'inconnu, les labyrinthes, où il nous arrive d'avoir peur d'être mangés par un ogre plus fort que nous, de croire que nous n'allons pas y arriver, d'être persuadés que nous allons y laisser notre peau. Être humain, c'est aussi rencontrer le côté obscur de la vie.

Neige-Blanche et Rose-Rouge, qui ont été préservées par leur mère de l'ombre, de l'inquiétant, du moindre ennui, ne comprennent pas la vraie vie. Persuadées que tout le monde est gentil, elles ne sont pas à même de reconnaître le mal quand elles le rencontrent et risquent alors de mettre en péril leur existence et celle du monde tout entier.

Savoir que le mal existe, c'est pouvoir le discerner et être capable de s'engager pour le neutraliser. C'est accepter les émotions, les contradictions, les remises en question. Tant que l'on n'a pas été en rapport avec le négatif, nous rappelle Hegel, on reste dans la naïveté de la belle âme qui a toujours raison parce qu'elle n'est en rapport à rien du tout. Accrochée à des principes sublimes, elle ne veut surtout pas rentrer dans le réel – car, dans le réel, on se salit les mains. En effet, il y a toujours une contradiction au cœur de la réalité…

Leçon n° 4 – Retrousser ses manches et assumer ses responsabilités

Nous avons parfois tendance à nous considérer comme des victimes du destin ou des autres qui conspireraient contre nous. Et nous nous sentons d'autant plus démunis. Or, à chaque fois que nous nous considérons comme victime, nous creusons notre propre tombe. Face aux emmerdes, retroussons nos manches ! Tous les contes, tous les récits nous démontrent que l'être humain peut sans cesse s'entraîner et s'améliorer. Ils nous racontent le bonheur de rencontrer un adversaire qui nous poussera à nous dépasser, à inventer d'autres voies, et sans lequel nous serions restés immobilisés au même point, sans jamais avancer. Et si l'on tombe, ce n'est pas un problème : on finit toujours par se relever. L'échec, nous disent encore les contes, est même un outil pour creuser son sillon, pour trouver de nouveaux chemins.

Le Petit Poucet n'est pas tétanisé quand il découvre que ses parents projettent de les abandonner, lui et ses frères, dans la forêt. Il court ramasser des cailloux qui lui indiqueront le chemin de sa maison. Une deuxième fois, faute de cailloux, il utilise des miettes de pain et, quand les oiseaux les dévorent, il ne se laisse pas aller à la déprime ni à l'impuissance qu'elle entraîne mais grimpe sur la cime d'un arbre pour trouver un troisième chemin.

Le piège est de se laisser tétaniser. Nous tombons dans ce piège quand nous préférons une existence factice et médiocre mais réconfortante à la nécessité d'affronter le réel, de tirer parti des occasions qui se présentent, de refuser l'échec et de transformer notre rage en moteur plutôt que de la laisser nous détruire.

Leçon n° 5 – Se moquer des caprices du pouvoir despotique

Le pouvoir nous impressionne. Face à lui, surtout lorsqu'il se transforme en despotisme, nous nous sentons impuissants.

Or, nous révèlent les contes, le pouvoir despotique est frivole… parce qu'il ne repose sur aucune raison : il suit son propre caprice. Avons-nous néanmoins des moyens d'action ? Certainement ! Le premier consiste à prendre conscience de cette frivolité. Dans son film *Le Dictateur*, Charlie Chaplin lance des flèches drôles et assassines en direction du dictateur, Hitler. Il nous amène à en rire, et le rire a une vertu : il démythifie ce personnage faussement hypertrophié, révélant sa folie et nous démontrant, par là même, que nous avons le pouvoir de résister, c'est-à-dire de trouver des moyens de rester humains malgré tout.

L'humain, c'est Renart qui, bien qu'écrasé par tous, trouve, y compris dans les temps les plus difficiles, des interstices où se faufiler, des ruses qui lui permettent de vaincre avec ses petits moyens. C'est Peau d'Âne qui se rebelle quand son père, le roi, veut lui imposer son désir et qui triomphe bien qu'elle ait été reléguée à l'état de souillon. C'est l'enfant qui, au milieu d'une foule tétanisée, s'exclame « le roi est nu », mettant à jour l'imposture de ce monarque obsédé par sa garde-robe et négligeant son peuple. C'est chacun de nous qui, à son échelle, dira à son tour : « Le roi est nu. »

Leçon n° 6 – Devenir soi-même

C'est la grande leçon des contes, des récits, des mythes : il est temps de casser les barreaux du moi social, formaté, impersonnel que nous avons édifié autour de nous, un faux moi forgé dans la dépendance, pour laisser émerger un « je » personnel, vivant, vibrant.

Aucun héros, aucune héroïne ne se soumet à ce qui lui est convenu d'être – sinon, il n'y aurait pas d'histoire. Le vilain petit canard synthétise cette vérité : en assumant ce qu'il est, il va peu à peu découvrir quel est son chemin, quel est son destin. Tout être humain a quelque chose à faire qui lui est propre ; notre tâche consiste à discerner quel est ce quelque chose qui n'appartient qu'à nous.

Y parvenir exige de prendre un risque. De fait, dans toutes les histoires, le héros, l'héroïne quittent un état stable, confortable, pour s'en aller traverser la forêt, l'enfer, les épreuves, tenter leur chance dans le monde et advenir ainsi à soi. Naropa aurait pu se contenter de rester l'universitaire respecté de son époque, mais il préféra lâcher son statut pour traverser sa quête, sa forêt, et devenir le sage dont on parle encore aujourd'hui. Antigone aurait pu prendre acte, comme tout le monde, de la décision du roi, épouser son fiancé, le fils de ce roi, et mener une vie de reine, mais elle s'est rebellée et a défié le royaume pour enterrer le corps de son frère de ses propres mains plutôt que de le livrer aux animaux de proie.

Nul ne peut être qui il est sans traverser la forêt. Nous aimerions que celle-ci ne se trouve pas sur notre chemin, nous rêverions de devenir parents sans jamais avoir eu peur, ni nous être inquiétés ou avoir besoin d'être aidés. Nous nous croyons en faute de traverser la forêt. Or, nous sommes en faute de ne pas la traverser.

C'est la grande idée de Nietzsche : « Il faut avoir encore du chaos en soi pour enfanter une étoile dansante. » Tant que l'être humain refuse le chaos, la difficulté, il ne vit pas. C'est parce que je traverse la forêt que je peux devenir une étoile dansante, être porteur de lumière et entrer dans le mouvement de la vie. C'est parce que je rencontre le désordre, la peur et l'angoisse que je peux rentrer dans l'aventure de la vie, dans son mouvement, et donner naissance à quelque chose de vrai.

Leçon n° 7 – La force de l'amour

Quand quelqu'un rencontre quelqu'un, et je parle là d'une vraie rencontre qui ne se limite pas à un échange social, la magie de la métamorphose opère immédiatement, même si elle n'est pas toujours spectaculaire. Le crapaud, l'ours ou le monstre qui se transforment en prince charmant en sont une métaphore que chacun de nous a eu l'occasion de vivre bien plus souvent qu'on l'imagine : dans toute relation profonde, l'autre et soi-même sont complètement transformés.

Ne restreignez pas vos vies à chercher le confort. Partez à l'aventure du bonheur auquel nous convient ces histoires qui ont traversé les siècles sans rien perdre de leur attrait. Retroussez vos manches et avancez dans la vie, sans refuser les épreuves qui font grandir.

Le bonheur, nous apprennent encore les contes, n'est pas une bulle mais un chemin. La vie tout entière est un chemin où chaque épreuve est une occasion d'accomplissement et de joie.

Après avoir lu ces contes, chaque matin, en vous réveillant, vous vous demanderez : « Comment faire en sorte, aujourd'hui, pour que ma vie devienne ce chemin ? »

Et vous aurez aussitôt la réponse…

1

Hansel et Gretel
ou le piège du bien-être

Il était une fois un frère et une sœur qui se prénommaient Hansel et Gretel. Leurs parents étaient si pauvres qu'ils n'avaient plus rien à leur donner à manger. Ils les abandonnèrent dans la forêt en espérant que quelqu'un pourrait les aider.

En réalisant qu'ils étaient laissés à eux-mêmes, les enfants furent désespérés : ils étaient persuadés qu'ils n'auraient jamais la force de sortir de cette épreuve. Nous avons si souvent l'impression d'être dans cette situation et de nous sentir démunis, seuls au monde devant l'adversité ! Nous ne voyons plus rien, nous nous laissons pétrifier par notre problème, aveugles à tout le reste.

Hansel et Gretel avaient froid. Ils marchèrent tout droit, sans réfléchir, espérant naïvement qu'ils réussiraient ainsi à retrouver leur maison. Mais plus ils avançaient dans la nuit, plus ils se perdaient. C'est alors qu'au loin leur apparut une lumière. En s'en approchant, ils découvrirent une maison en sucre. Et ils avaient si faim ! S'ils avaient toute leur tête, ils auraient été un peu sceptiques : c'est quand même trop beau pour être vrai, une maison en sucre dans une forêt ! Nous sommes nous-mêmes souvent dans un tel désarroi que nous sommes prêts à tout avaler. Nous cédons à cette attitude régressive par facilité, sans prendre le moindre recul, ce qui nous joue ensuite des tours.

Hansel se précipita sur le toit et arracha un morceau qu'il dévora. Gretel s'empara d'une fenêtre. C'était en fait la maison d'une sorcière qui attirait les enfants avec ses promesses et ses sucreries, les engraissait jusqu'à bien les attendrir, puis les dévorait. Voilà une jolie métaphore de la niaiserie du bien-être et de la facilité auxquels nous conditionne la société, qui nous empoisonnent et finissent par nous détruire. **Nous sommes séduits par tout un discours général sur le lâcher-prise, la zénitude, fait de sucreries, de bonbons. Sur le coup, ce discours fait du bien. Pourtant, il nous empoisonne en nous déconnectant de la réalité.**

Hansel symbolise la béatitude du plaisir immédiat. Il se vautre dans les confiseries, engraisse et aiguise l'appétit de la sorcière. Mais un matin, pour qu'il grossisse plus vite, cette dernière l'enferme dans une cage. Désormais, elle lui apportera double ration à manger. Bien que prisonnier, le petit garçon se délecte : il n'est plus en rapport avec la vie. Comme le dit Proust : « On ne guérit d'une souffrance qu'à la condition de l'éprouver pleinement. » Hansel n'éprouve rien : il fuit dans l'aveuglement complet qui le conduit droit à la mort. La jouissance immédiate l'empêche de comprendre les implications de la situation dans laquelle il se trouve. Elle lui pose des œillères. Elle est notre incapacité de penser la crise écologique et le réchauffement climatique qui nous menacent, notre incapacité aussi de sortir d'une zone de pseudo-confort, chez soi, au travail, dans des relations toxiques.

Sa sœur, elle, est reléguée par la sorcière au rang de domestique. Si on regarde la situation par le filtre de l'immédiateté, on jugerait que Gretel a écopé d'une double peine. En réalité, c'est grâce à l'épreuve que cette petite fille fragile trouve en elle une ressource qu'elle ignorait : la force de l'intelligence. Elle ose questionner (alors qu'elle pourrait se contenter d'obéir en échange d'une petite liberté de mouvement), elle commence à regarder les choses, elle sort du plaisir immédiat ou de la peur immédiate. Elle est sur le qui-vive, elle accepte de ne pas savoir, elle accepte même que ce soit douloureux. C'est ce que l'on appelle la force de résistance : il n'y a de résistance que lorsque l'on quitte le bien-être ou la peur, qui sont au fond les deux faces de la même médaille.

Gretel se libère ainsi de la fascination inconsciente et dangereuse de la domination : quand on est dominé par une personne qui a les pleins pouvoirs, on oscille entre la tétanie et la soumission qui demandent le moins d'efforts possible. C'est alors qu'elle trouve la solution. Elle va tromper la sorcière malvoyante en lui présentant un os de poulet quand elle demande à tâter le doigt de Hansel pour s'assurer qu'il est bien gras. Elle affronte la négativité et trouve ainsi l'opportunité d'agir : elle va finalement réussir à jeter la sorcière dans le four où elle a fait cuire tant d'enfants.

La sorcière représente toutes les fausses promesses qui nous enferment : l'idée que tout va aller bien, que je n'ai qu'à me détendre, à attendre, sans me poser de questions, que je suis malgré tout du bon côté du manche, que ce n'est pas si grave, qu'il y a plus malheureux que moi. **En jetant ces fausses promesses au feu, Gretel devient libre.**

À la mort de la sorcière, les enfants ouvrent ses armoires et découvrent les joyaux qu'elle y a entassés. Grimm, à qui l'on doit ce conte, adopte ici le langage du mythe pour raconter, sous une forme imagée, la réalité la plus fondamentale, la réalité telle qu'elle est : au sortir d'une épreuve, nous sommes toujours plus riches d'allant, d'enthousiasme, de fierté au regard de ce que nous avons accompli, réussi.

« Pourquoi voudriez-vous, nous dit Rilke, exclure de votre vie une quelconque inquiétude, une quelconque souffrance, une quelconque mélancolie, alors que vous ignorez pourtant ce que produisent en vous ces états ? »

Telle est la leçon de Proust, de Rilke, de la vie : **les épreuves se dépassent en les affrontant.** Vouloir se protéger de tout, c'est engraisser et être dévoré par la sorcière, par les fausses promesses.

2

Cendrillon

ou la fin de la plainte

Cendrillon n'était qu'une enfant quand sa mère mourut. Son père se remaria avec une femme peu commode qui avait deux filles, très belles mais au cœur noir et méchant. C'est une expérience que nous traversons quand, à cause des circonstances, il nous faut déménager, changer de travail, bousculer des habitudes qui étaient confortables, quand nous faisons face à des décisions absurdes, à des cadences infernales, en somme, quand le sort semble s'abattre sur nous.

Cendrillon est maltraitée, humiliée par sa belle-mère et ses demi-sœurs qui lui donnent ce surnom parce qu'elles l'ont mise du côté de l'âtre, de la grisaille, elles l'ont privée de lumière. C'est ce qui nous arrive quand la vie n'est pas douce. Nous sommes écrasés : par nos supérieurs, par nos proches, par des pseudo-amis, nous ne sommes pas reconnus, nous nous sentons rejetés du monde. Et, comme Cendrillon, nous nous retrouvons à trier les lentilles que ses sœurs ont volontairement renversées dans les cendres.

Mais Cendrillon ne s'enferme pas dans la plainte qui tourne en rond et qui est une justification de l'impuissance, du renoncement : elle tente quand même de trouver un chemin en effectuant les tâches qui lui sont confiées, même si elles sont idiotes. Elle subit certes la situation, mais elle essaye néanmoins d'agir. La plainte nous évite de remettre en question ce qui nous arrive : on attribue la faute au destin, à la société ou que sais-je encore, on accuse et, comme le dit Nietzsche, on s'enferme dans la figure du persécuté. Pour trier les lentilles, Cendrillon se fait aider par les colombes et les tourterelles qui symbolisent l'intelligence à l'œuvre.

En fait, il y a dans l'attitude de Cendrillon quelque chose de profondément nietzschéen : elle ne reste pas dans le ressentiment contre la réalité, un ressentiment qui nous emprisonne en nous-mêmes, qui nous ronge sans déboucher sur rien de concret, de créatif. Elle, elle continue malgré tout d'aller de l'avant.

Un jour, un grand bal est donné par le roi. Toute la famille est invitée, mais la marâtre refuse que Cendrillon y aille. La jeune fille, qui souhaite ardemment être de la fête, demande encore, insiste. Mais personne ne prend sa défense, personne ne la considère, et tous se moquent de ce caprice ridicule émanant d'une moins que rien. Or, Cendrillon, comme le dirait Lacan, ne cède pas sur son désir. C'est pourquoi sa marraine la fée peut l'entendre. La fée du conte qui est le symbole de la créativité en nous, de notre capacité d'inventer des possibles.

Nous avons tous en nous une fée, une forme d'intelligence prête à nous indiquer un autre chemin pour atteindre notre but, à condition de rester ouverts, curieux, attentifs à la situation. Cet autre chemin n'est pas forcément parfait, miraculeux. La marraine de Cendrillon l'aide à se préparer : elle transforme pour elle une citrouille en carrosse et des rats en écuyers, elle l'habille d'une robe de princesse, mais l'autorisation de sortie s'arrête à minuit, heure à laquelle une fête bat son plein. Telle est la règle, la limite que Cendrillon doit accepter, à laquelle elle doit se plier. Il y a toujours des limites dans la vie : je ne transformerai pas l'open space où je travaille en espace cocooning, mais en cessant de tourner en rond avec une plainte inutile et enfermante, en acceptant qu'il reste un open space, je verrai s'ouvrir devant moi des possibles auxquelles je ne m'attendais pas.

Cendrillon accepte la proposition de sa marraine et, malgré les restrictions imposées, elle est prête à bénéficier de toute sa magie. Certes, cette solution n'est pas pleinement satisfaisante, mais au lieu de rester dans la frustration, elle choisit néanmoins de l'explorer.

C'est ainsi qu'elle rencontre le prince, l'émerveille par la confiance et la joie qui jaillissent d'elle. Quand, au moment de partir, elle perd sa pantoufle, il la recueille et traverse la ville entière pour retrouver cette jeune inconnue qui a illuminé sa vie.

Cendrillon ne s'est pas laissé décourager par les circonstances défavorables dans lesquelles elle évoluait. Le prince non plus ne se laisse pas décourager quand elle s'enfuit, peu avant minuit, et qu'il se retrouve seul, avec une simple pantoufle de vair pour remonter la piste de cette inconnue. Aucun des deux n'a baissé les bras.

Nous aussi, dans la vraie vie, quand nous ne voyons autour de nous que la médiocrité, si nous ne nous décourageons pas, si nous ne nous réfugions pas dans la plainte, nous avons tous les atouts pour nous ouvrir à ce qui est, nous débrouiller avec les citrouilles et les rats et les transformer en carrosse et en écuyers.

Mettre fin à la plainte, c'est tourner le dos à ses manières habituelles de vivre, de penser et de sentir. C'est refondre son existence. « Libérer l'âme du ressentiment, c'est le premier pas vers la guérison », écrit Nietzsche dans son magnifique *Ecce homo*.

3

Perceval

ou oser poser des questions

Fils et frère de chevaliers morts au combat, Perceval vit à l'abri d'une forêt où sa mère le cantonne et le surveille, essayant ainsi de le sauver de son destin de chevalier. Mais c'est chose impossible. Un jour, alors qu'il a 15 ans et joue seul au javelot, il rencontre cinq chevaliers perdus dans la forêt. Ils discutent et leur discours le séduit. Il décide de les suivre jusqu'à la cour du roi Arthur.

Ainsi s'ouvre le *Conte du Graal*, un texte en vers, énigmatique et fascinant, sans doute inachevé, publié en 1180, au cœur du Moyen Âge, par Chrétien de Troyes. C'est le premier texte où il est fait mention du Graal. Il pose à ce sujet beaucoup plus de questions qu'il n'en résout, mais la fascination qu'il exerce se perpétue jusqu'à nos jours. Il aura d'ailleurs une incroyable incidence sur l'art et la littérature d'Occident, le Graal se retrouvant du *Parsifal* de Wagner jusqu'au *Sacré Graal* des Monty Python.

À la cour du roi, Perceval apprend les vertus chevaleresques et la courtoisie. Il réalise très vite des progrès, mais restera pour toujours le « chevalier naïf » de la légende arthurienne. Il déploie ses talents dans un seul but, la quête du Graal, et traverse moult péripéties dans cet objectif.

Un jour, il arrive dans une étrange contrée frappée de stérilité : rien n'y pousse, aucune plante, aucune fleur, la vie semble avoir abandonné ces lieux. Perceval est reçu avec les honneurs dus à un chevalier. Il est conduit au château du roi, un vieil homme qu'une blessure a rendu infirme. Tout le royaume témoigne de sa souffrance à travers la curieuse paralysie qui le frappe. Il est même convié à la table du roi.

Étrange repas ! Entre chaque service, défile un singulier cortège : un valet s'avance, portant une lance à l'extrémité de laquelle perle une goutte de sang couleur vermeille. Il est suivi de deux autres valets tenant des chandeliers sur lesquels brûlent des cierges. Enfin, une demoiselle ferme le cortège, tenant entre ses mains un somptueux plat en or tapissé de pierres précieuses, duquel se répand une grande clarté : le Graal que Chrétien de Troyes ne nomme pas et qui a la vertu de maintenir le roi en vie.

Perceval est fortement intrigué, mais il ne dit rien. Il n'ose poser aucune question. Son silence s'explique-t-il par sa timidité ? Par son obéissance à son tuteur qui lui a appris la discrétion ? Par son manque d'intérêt pour ce qui n'est qu'un détail comparé à sa grande cause, la quête du Graal ?

La nuit venue, Perceval est conduit à sa chambre. Il s'endort. Au matin, à son réveil, il n'y a plus rien : le château a disparu avec tous ses occupants. Il ne croise qu'une mystérieuse « demoiselle hideuse ». Cette dernière l'interpelle et lui reproche de n'avoir pas questionné ses hôtes : par la grâce d'une seule question, le vieux roi aurait guéri et la vie aurait été rendue au royaume. Le récit s'interrompt alors que Perceval cherche à retrouver le château. On ne sait pas s'il y parviendra : le *Conte du Graal* n'en dit rien.

En revanche, il dit beaucoup de nous quand, comme Perceval, **nous n'osons pas ou ne pensons pas aller à la rencontre de l'autre qui souffre et lui demander quel est son tourment.** Nous pouvons avoir toutes les bonnes raisons de nous taire, l'excuse de la timidité, de la politesse conventionnelle, d'un certain savoir-vivre étriqué, mais le fait est que nous oublions de tendre la main, nous ne voyons littéralement plus cet autre qui est en face de nous et qui est frappé d'un malheur. Nous cessons de le voir, pour reprendre les mots de la philosophe Simone Weil, « en tant qu'homme, exactement semblable à nous, qui a été un jour frappé et marqué par le malheur ». Il n'est qu'un « exemplaire de la catégorie sociale étiquetée "malheureux" ».

C'est l'ami, le collègue qui ne va pas bien et auquel je ne pose aucune question, me coupant ainsi de lui et, plus largement, du monde qui en devient plus malheureux. C'est le SDF ou le migrant que je vois comme « un pauvre » et non plus comme un être humain avec sa sensibilité, ses peines, ses désirs, ses émotions.

Enfermés en nous-mêmes, nous ne nous sentons plus concernés par rien. Et un jour, le monde entier finira par disparaître, comme le château du roi blessé…

4

La grenouille et le bœuf

ou les secrets de la vanité

« La grenouille et le bœuf » est une fable très courte, mais très puissante. On en connaît différentes versions qui toutes se ressemblent. La plus ancienne, « De la grenouille et du bœuf », est racontée par Ésope, le père des fabulistes, au VIe siècle avant notre ère. Au tournant de notre ère, le poète grec Phèdre l'a reprise. Puis, au XVIIe siècle, Jean de la Fontaine s'en saisit à son tour, avec son génie propre. Voilà ce qu'il en retire :

« Une grenouille vit un bœuf qui lui sembla de belle taille. Elle, qui n'était pas grosse en tout comme un œuf, envieuse, s'étend et s'enfle, et se travaille pour égaler l'animal en grosseur. Disant : "Regardez bien, ma sœur : est-ce assez ? Dites-moi ; N'y suis-je point encore ? — Nenni. — M'y voici donc ? — Point du tout. — M'y voilà ? — Vous n'en approchez point." La chétive pécore s'enfla si bien qu'elle creva. »

Et La Fontaine de conclure ainsi – une conclusion qui ne se trouve pas chez ses prédécesseurs : « Le monde est plein de gens qui ne sont pas plus sages. Tout bourgeois veut bâtir comme les grands seigneurs, tout petit prince a des ambassadeurs, tout marquis veut avoir des pages. »

La Fontaine assimile la vanité dont souffre la grenouille à une enflure. On retrouve cette association dans notre langage courant avec des expressions comme « avoir la grosse tête », « avoir les chevilles qui enflent », « choper le melon ». Les Anglais, eux, disent « voir trop grand pour sa culotte » pour désigner le même phénomène : le mauvais ego qui s'hypertrophie.

Au temps de La Fontaine, au XVIIe siècle, la vanité se disait « amour-propre ». Nombreux sont les penseurs et les moralistes à s'être penchés sur cette notion, dont Blaise Pascal ou encore François de La Rochefoucauld qui en disait ceci : « L'amour-propre est l'amour de soi-même et de toutes choses pour soi. Il rend les hommes idolâtres d'eux-mêmes et les rendrait tyrans des autres si la fortune leur en donnait les moyens. »

La grenouille en livre une parfaite illustration : **son obsession d'elle-même, de sa seule personne, la coupe de tout rapport avec la réalité, avec la connaissance vraie.** Elle ne voit plus où elle est, et où est le bœuf. Elle veut uniquement rivaliser avec lui sur un plan : prouver qu'elle est aussi grande, aussi grosse que lui. N'est-ce pas le mécanisme de toute vanité, quand l'individu est convaincu que ses qualités sont bien plus importantes qu'elles ne le sont en réalité, tellement importantes qu'elles l'aveuglent et qu'il cesse de se voir et de voir les autres tels qu'ils sont en réalité ?

L'amour-propre est un amour factice. Un vaniteux ne s'aime pas, il aime une image faussée de lui, une sorte d'idole qui n'est pas lui et qui souvent ne lui correspond pas. Il n'aime pas qui il ou elle est vraiment, avec ses qualités propres, mais aussi ses manquements, ses défauts, sa finitude.

La grenouille d'Ésope et de La Fontaine a, comme toutes les grenouilles, des qualités extraordinaires. Mais, obsédée par son désir de ressembler au bœuf, elle ne les voit pas, elle ignore ses possibles. La vanité est un principe de méconnaissance radicale.

Nos vaniteux, et ils sont nombreux, feraient bien de relire La Fontaine, bien meilleur psychologue que la plupart de nos psychologues. Comme le disait Lacan, qui avait une grande admiration pour La Rochefoucauld, l'amour-propre nous conduit à nous mentir sans cesse et nous rend malheureux.

5

Le Petit Poucet
ou la puissance de l'action

Il était une fois un bûcheron et sa femme qui avaient sept enfants. Sept garçons. Les temps étaient durs et, un jour, ils n'eurent plus de quoi les nourrir. Ils aimaient leurs enfants et ne voulaient pas les voir mourir de faim. Ils en parlèrent un soir et se résignèrent à les abandonner dans la forêt.

Ce soir-là, le cadet de la fratrie, surnommé le Petit Poucet en raison de sa petite taille, ne s'était pas endormi. Il se doutait que quelque chose se tramait et était aux aguets. Il entendit la discussion de ses parents et, observant la situation avec attention, il réfléchit à ce qu'il pourrait faire. Sans bruit, il sortit collecter de petits cailloux blancs dont il remplit ses poches. Le lendemain, tandis que les enfants suivaient leurs parents dans la forêt, il sema les cailloux de manière à pouvoir ensuite retrouver le chemin de leur maison.

Arrivés dans une clairière, le bûcheron et sa femme allumèrent un feu et, prétendant s'absenter quelques instants, abandonnèrent les enfants. Les six frères du Petit Poucet se mirent à pleurer. Il les rassura et, en suivant la trace des cailloux, ils rentrèrent chez eux où leurs parents les reçurent avec d'autant plus de bonheur qu'entre-temps, le seigneur de la région leur avait versé l'argent qu'il leur devait depuis longtemps.

Mais ce bonheur ne dura pas et la famine guettait à nouveau, réveillant le projet d'abandon. Cette fois, le bûcheron et sa femme veillèrent à bien verrouiller la porte la nuit pour que le Petit Poucet ne sorte pour ramasser des pierres. **Cet échec n'immobilisa pas l'enfant : il se dit qu'il finirait bien par trouver une autre solution.**

Au moment de partir, la mère partagea la dernière miche qu'il leur restait et donna un morceau de pain à chaque enfant. Affamés, les frères du Petit Poucet dévorèrent aussitôt leur part. Lui avait un autre plan.

Toute l'histoire du Petit Poucet est celle d'une personne qui ne cède pas à ses désirs immédiats : j'ai sommeil, j'ai faim, je veux telle chose, tout de suite… Voyant plus loin que cette immédiateté, toujours prêt à lire à neuf les situations, jamais découragé, il sema des miettes tout au long du chemin, comme il l'avait fait avec les cailloux. Poucet est dans un rapport d'intelligence aux situations. Mais il n'a pas calculé les oiseaux qui se précipitèrent sur les miettes pour les picorer.

Et maintenant, que faire ? Une fois de plus, les frères du Petit Poucet cèdent à la panique. Poucet, lui, est un interprète qui essaye de « lire » le monde, de déchiffrer les situations pour en discerner le sens et trouver un chemin. Dans notre monde, nous avons l'impression que la compréhension n'est qu'intellectuelle et s'oppose à l'action. Nous oublions que la puissance de l'action naît de la lecture du réel et non de la théorie. Mais le réel ne se dévoile pas facilement : il faut bien le regarder, bien le scruter, bien l'écouter. Au début on n'y voit rien – nous en avons tous fait l'expérience.

Poucet non plus ne voit d'abord rien, puis il remarque un arbre plus haut que les autres, grimpe à sa cime et voit au loin une lumière. Il entraîne ses frères vers cette demeure où, il ne le sait pas encore, vit un ogre.

Ils frappèrent à la porte. La femme de l'ogre leur ouvrit, les suppliant de partir pour ne pas être dévorés par son mari puis, face à l'insistance du Petit Poucet qui craignait encore plus les loups de la forêt, elle les laissa entrer et les cacha sous un lit. Mais au matin, son ogre de mari, attiré par l'odeur de chair fraîche, découvrit les sept frères.

Il décida d'en faire son festin du lendemain et, afin qu'ils ne s'enfuient pas, les installa dans la chambre de ses sept filles. Le Petit Poucet n'allait pas se laisser prendre à ce piège ! Dans la nuit, il échangea les bonnets que lui et ses frères portaient avec les couronnes des sept petites ogresses. Avant l'aube, l'ogre, affamé, rentra dans la chambre obscure et, attrapant les enfants portant un bonnet, les tua et les mangea. Il dévora ses filles...

Le Petit Poucet et ses frères s'enfuirent aussitôt. Fou de rage et de désespoir, l'ogre chaussa ses bottes de sept lieues et partit à leur poursuite. Il chercha partout mais ne les trouva pas. Fatigué, il s'assit sur un rocher derrière lequel étaient cachés le Petit Poucet et ses frères, et s'endormit.

Comme toujours, **le Petit Poucet observa la situation avant d'établir ses plans.** Il s'empara des bottes magiques et s'enfuit au loin avec ses frères. Si loin qu'il croisa l'armée du roi. Surpris de voir cet enfant courir si vite, le roi le nomma messager.

Des années plus tard, devenu riche, le Petit Poucet retourna chez ses parents. Il les combla de biens et acheta une maison à chacun de ses frères.

Face à chaque problème, Poucet a pu agir parce qu'il ne s'est pas laissé dominer par les pulsions insatiables qui guident nos vies et nous aveuglent. **Il a l'intelligence de veiller, de regarder, de s'appuyer sur ses sens pour percevoir ce que les autres ne perçoivent pas, ou ce à quoi ils ne font pas attention.**

Souvent, comme l'ogre, nous nous laissons aveugler par nos désirs, nous sommes prêts à tout pour les assouvir immédiatement, au détriment de l'action intelligente, l'action vraie, celle qui permet de transcender les obstacles et de changer le monde. Le Petit Poucet ne s'agite pas inutilement, il ne reste pas prisonnier du présent mais il mesure toujours le pas d'après, celui qui lui permettra de sortir de la forêt, de la confusion dans laquelle nous sommes pris.

Savoir penser implique toujours de savoir regarder les choses avec attention pour voir où s'ouvre un chemin.

6

Ulysse et Calypso

ou le bonheur des limites de notre humanité

Quand s'achève la guerre de Troie, Ulysse, roi d'Ithaque, qui a contribué à la victoire des Grecs sur les Troyens, est heureux d'enfin regagner son foyer : il vient de passer dix années à combattre, son épouse Pénélope et son fils Télémaque lui manquent, il a envie de retrouver une vie normale. Il embarque sur son navire… sans savoir qu'il n'arrivera pas tout de suite à destination : en effet, le dieu Poséidon dont il a provoqué le courroux vient de le condamner au supplice de l'errance.

Ainsi s'ouvre *L'Odyssée* d'Homère, un beau texte datant du VIIIe siècle avant notre ère. Il raconte le périple d'Ulysse qui, pendant dix ans, va sillonner les mers, allant d'île en île, d'épreuve en impasse, de victoire en désillusion, cherchant éperdument le chemin du retour qui se dérobe devant lui.

L'une de ces épreuves peut nous sembler, à première vue, très douce : il n'y a là ni monstres ni menaces directes. Cependant, en peu de mots,

Homère va nous amener à comprendre combien elle fut redoutable.

Tout commence par le naufrage du navire d'Ulysse à proximité des rivages d'Ogygie, une île luxuriante. Échappant miraculeusement à la noyade, il est recueilli par une femme d'une beauté éblouissante : la nymphe Calypso. Tous les dieux sont séduits par elle, mais c'est d'Ulysse, pourtant un simple humain, qu'elle tombe aussitôt amoureuse.

Notre héros ne reste pas, lui non plus, insensible à son charme. Il la suit, d'abord émerveillé par cette déesse qui le reçoit en ce lieu paradisiaque où le hasard l'a porté. Ulysse et Calypso s'installent ensemble. Mais Homère, pourtant si prolifique pour décrire les situations dans lesquelles se retrouve son héros, résume sa nouvelle vie en une phrase lapidaire : « Ils gagnèrent le fond de la grotte profonde où ils demeuraient ensemble et ils se livrèrent au plaisir. »

Effectivement, il n'y a rien d'autre à relever dans ce lieu où il ne se passe rien, où il n'y a rien à faire, rien à construire, rien à raconter.

Très vite, Ulysse a d'ailleurs la nostalgie de sa vie d'avant. Tous les jours, il gagne la plage et regarde l'horizon en pleurant. Mais Calypso le ramène à la grotte où elle le protège des dangers et fait de son mieux pour le combler, en espérant qu'il finira par oublier sa terre natale.

Sept années s'écoulent ainsi. Bien que la nymphe multiplie les attentions pour le retenir, Ulysse n'abandonne pas son projet de départ et jette toutes ses forces dans la construction d'un radeau. Le jour où celui-ci est prêt à prendre la mer, Calypso abat sa dernière carte, certaine que son amoureux n'y résistera pas : elle le demande en mariage et lui offre, s'il y consent, l'immortalité assortie d'une vie où tout serait facile, où ses sens seraient en permanence comblés, ou il ne connaîtrait ni la vieillesse, ni la maladie, ni les soucis.

Contre toute attente, Ulysse refuse. « Pardonne-moi royale nymphe, dit-il à Calypso. Je sais que la très sage Pénélope n'offre au regard ni ta beauté ni ta stature, elle est mortelle, tu ignores l'âge et la mort, et néanmoins j'espère et je désire à tout moment la retrouver chez moi et vivre l'heure du retour. » Malgré toutes les limites d'une vie humaine, il préfère être homme plutôt que dieu.

Ulysse n'est pas masochiste ! **Ce qu'il choisit en réalité c'est le lieu où il est vraiment à sa place, un lieu qui lui est propre, où il peut se sentir être.** Un chez-soi. Nous possédons tous un « chez-nous » : une maison, une cabane, une chambre, une terre natale, une patrie. Ce lieu peut aussi être l'engagement dans un métier, dans une association, dans une activité où l'on s'accomplit, où l'on a l'impression d'être nourri, de grandir, de se mettre en rapport avec une source de vie. C'est un lieu qui nous donne de la joie parce que nous l'avons choisi, c'est la plante que nous avons semée et que nous voyons pousser, fleurir, plus tard mourir mais qui, dans cet intervalle, nous aura émerveillés par tout ce qu'elle recèle comme surprises, comme possibles.

Bien sûr, auprès de Calypso, Ulysse détiendrait l'éternité. Mais il lui manquerait l'essentiel : la vie avec ses joies et ses peines, ses imperfections, ses histoires qui tissent notre propre histoire. Il n'a compris combien cette vie-là est précieuse, avec ses hauts mais aussi avec ses bas, que lorsqu'elle a failli lui être retirée.

Des années plus tard, et après avoir franchi d'autres épreuves encore, Ulysse réussit à rentrer enfin chez lui. Il retrouve Pénélope. Homère nous raconte ainsi ce moment : « Lorsqu'ils eurent joui des plaisirs de l'amour, ils s'adonnèrent au plaisir de la parole, et chacun raconta à l'autre ses soucis. Elle prenait plaisir à l'écouter et ne s'endormit pas avant qu'il lui eût tout dit. »

C'est cette expérience qu'Ulysse a voulu vivre en restant humain.

7

La princesse au petit pois
ou le diktat de l'apparence

Il était une fois un prince qui voulait épouser une « vraie » princesse. Il avait parcouru la terre entière, rencontré des dizaines de princesses, mais aucune ne lui semblait « vraie ».

Après ce long voyage, il était rentré chez lui, très triste et sans fiancée.

Une nuit d'orage, quelqu'un frappa à la porte du château. Il était tard, les serviteurs étaient déjà couchés, le vieux roi descendit lui-même ouvrir. Devant lui se tenait une jeune fille. Elle était trempée, ses cheveux ruisselaient, l'eau rentrait même dans ses chaussures et sortait par les talons. Il fut horrifié par ce spectacle. Et en plus, elle prétendait être une vraie princesse et demandait l'hospitalité. Il la laissa entrer.

Dès les premières lignes, ce conte, écrit par Andersen alors qu'il n'avait que 30 ans, est riche d'enseignements. D'abord, et nous l'oublions très souvent, il ne faut pas se fier aux apparences. Au cours de ses voyages, le prince avait vu bien des princesses habillées d'or et d'argent, mais aucune n'avait réussi à le convaincre de son authenticité.

Face à cette jeune fille qui frappe de nuit à la porte du château, trempée, sale, seule, le vieux roi a la sagesse de ne pas fermer la porte. Il surmonte ses préjugés, ne se laisse pas dominer par la peur de cette inconnue, il est prêt à prendre le risque de la rencontre. Il sait que **tout être, au fond de lui, est peut-être une vraie princesse**, parce que chacun, au-delà de ses apparences, parfois de son étrangeté, possède en lui la capacité d'être en harmonie avec son humanité profonde.

La reine, la mère du prince, rejoignit son mari. Elle écouta à son tour le récit de la jeune fille et lui proposa l'hospitalité. Elle se prétendait une vraie princesse ? Cette affirmation méritait d'être testée. Cette reine est la sagesse agissante, indispensable pour compléter la dimension d'accueil du roi. Elle développe un regard profond sur la réalité, elle ne veut pas se laisser entourlouper par elle, elle ne veut pas la rejeter en bloc non plus. Nous aussi, avant de dire oui ou non, prenons la peine d'en savoir plus !

La reine eut une idée : elle prépara le lit de la jeune fille pour la nuit. Elle retira toute la literie, déposa un petit pois sur le sommier et le recouvrit de vingt matelas, puis de vingt édredons. Et elle attendit de voir comment se passerait la nuit.

Au matin, la jeune fille avait les traits tirés. Elle remercia gracieusement ses hôtes pour leur hospitalité, mais elle leur avoua ne pas avoir fermé l'œil : « Dieu sait ce qu'il y avait dans ce lit. J'étais couchée sur quelque chose de si dur que j'en ai des bleus et des noirs sur tout le corps ! » Une peau aussi sensible, dit la reine, ne peut être que celle d'une vraie princesse. Le prince, enfin comblé, l'épousa. Le petit pois, dit-on, est toujours exposé dans le cabinet des trésors du royaume.

Mon filleul, à qui je racontais cette histoire pour le réconcilier avec sa propre hypersensibilité, avait été déconcerté : suffit-il d'être sensible pour devenir une vraie princesse ? La réponse est évidemment oui, et à plus d'un titre. Car une vraie princesse porte une vraie noblesse. Que signifie ce mot ?

D'abord, **la vraie noblesse est la capacité d'être au monde, de ressentir le monde au lieu de rester enfermé en soi comme dans une tour d'ivoire.** Cette faculté est décuplée chez les hypersensibles.

La vraie noblesse est aussi la capacité d'être soi plutôt qu'en représentation permanente de soi. Une fausse princesse, qui est dans la vanité, se serait séchée et apprêtée avant de frapper à la porte du château, avec une escorte forcément. La vraie princesse n'a pas besoin de porter un masque : même sale et trempée, elle reste une princesse.

Une fausse princesse ne se serait pas non plus autorisée à sentir le petit pois sous les vingt matelas et les vingt édredons, et quand bien même l'aurait-elle senti, au matin, elle aurait essayé de faire bonne figure au lieu de dire la vérité. La vraie princesse, elle, n'a pas eu besoin de s'engoncer dans son rôle. Elle sent le petit pois comme elle sent la souffrance du monde que symbolise le petit pois. Son aveu de faiblesse, de son hypersensibilité, devient le signe de sa noblesse.

Cette leçon, il nous faut l'entendre. La vraie princesse est singulière, différente de toutes les autres jeunes filles qu'a rencontrées le prince. Elle n'en tire aucun orgueil parce qu'elle s'assume telle qu'elle est.

Ne nous laissons pas tromper par la trame conventionnelle de ce merveilleux conte qui s'achève par le mariage du prince et de la princesse. Car il raconte d'abord la force et le courage de celles et ceux qui échappent aux normes et ne font rien comme tout le monde.

Admirons cette princesse atypique, si sensible, qui n'a pas peur d'affronter la tempête quand tous les autres sont à l'abri chez eux, et qui a le courage de frapper à la porte d'un château inconnu pour y demander l'hospitalité ! C'est une femme libre et déterminée. Elle ne se laisse pas diriger par les apparences : elle se présente comme elle est. Elle est forte : elle accomplit seule toutes les étapes du héros jusqu'à triompher de l'épreuve finale – l'épreuve du petit pois. C'est elle le moteur de l'histoire, et non le roi, la reine et encore moins le prince.

8

Jacob

ou comment une blessure devient force

Jacob, le troisième patriarche biblique, est aussi l'un des plus étonnants personnages de sa lignée : rien, au début de son parcours, ne laisse deviner le statut qui deviendra le sien. Son histoire, racontée il y a près de 2 500 ans dans la Genèse, est un véritable récit initiatique.

Fils d'Isaac, Jacob a un frère jumeau, Esaü, descendu avant lui du ventre de leur mère et bénéficiant donc du statut d'aîné. Esaü est un guerrier, conquérant, fort, extraverti. Jacob est fragile, chétif, introverti. De surcroît, il est jaloux de son frère. Jouant sur une faiblesse de ce dernier, sa gourmandise, Jacob lui rachète le statut d'aîné, ruse pour en obtenir la validation par son père, mais en paye le prix, une fois son subterfuge découvert, par un exil qui durera vingt ans.

Sa vie est riche en péripéties, mais un épisode a particulièrement marqué l'Occident : sa lutte avec l'ange qui a inspiré les plus grands artistes, de Rembrandt à Gauguin en passant par Gustave Doré ou Eugène Delacroix.

Au cours de son exil, Jacob a mûri. Parti de rien, il est devenu un homme prospère. Et, quand il décide de rentrer chez lui, c'est avec ses deux épouses, ses serviteurs et ses nombreux troupeaux.

Le voyage est long. Une nuit, après avoir mis les siens à l'abri, il va s'allonger seul sur une pierre pour se préparer à sa rencontre avec son frère. C'est alors qu'un inconnu surgit et l'attaque. Sachant les faiblesses et les fragilités de Jacob, on pourrait supposer qu'il prendrait la fuite. Mais au contraire, il décide de faire face. Du plus profond de lui-même, il veut prouver et se prouver qu'il n'est pas un lâche, qu'il est digne du statut auquel il aspire depuis toujours : la succession de son père. **Quand on connaît ses propres faiblesses, elles cessent d'être des faiblesses**, d'être un empêchement qui nous détermine…

Le combat est intense. Jacob est blessé à la cuisse – il en conservera la trace et boitera jusqu'à la fin de ses jours. À tout moment, il aurait pu baisser les bras, abandonner, se laisser aller, se plaindre, maudire son sort. Mais il continue car il sait que c'est à travers ce combat qu'il va pleinement acquérir sa force. Le combat, l'épreuve, ce sont ces tâches que nous avons à accomplir dans la vie, qui nous semblent insurmontables, qui nous terrorisent. Cependant, quand nous en venons à bout, nous sommes fiers de notre victoire. Elle nous a grandis...

Jacob lutte avec d'autant plus d'acharnement qu'il se bat en réalité contre sa propre fragilité, contre ces handicaps que nous portons tous et face auxquels nous n'avons que deux options : abdiquer ou les transformer en moteur pour avancer.

À l'aube, l'inconnu est prêt à arrêter le combat. Jacob accepte, mais à une condition : que cet inconnu le bénisse, c'est-à-dire qu'il reconnaisse le lien créé entre eux par cette lutte, par cette rencontre de cœur à cœur qui a eu lieu. Celui-ci accède à sa demande et lui donne un nouveau nom : Israël, « celui qui a lutté avec Dieu ».

Selon une interprétation rabbinique, cet inconnu est le visage divin de Jacob. Autrement dit, au cours de cette nuit initiatique, Jacob a lutté contre lui-même pour découvrir qui il est vraiment et réussir ainsi à surmonter ses peurs, ses faiblesses, ses contradictions, tout ce qui l'empêchait d'être choisi pour devenir l'héritier du pouvoir spirituel.

La tradition juive, comme d'ailleurs la plupart des traditions spirituelles et philosophiques, convie à mener au quotidien ces luttes qu'elle oppose à la notion de passivité. Ainsi, on dit que quand un maître et son disciple discutent, ils doivent en réalité lutter s'ils veulent approcher d'une vérité. Le disciple ne peut pas se contenter d'écouter et d'acquiescer, il doit questionner, interroger, en quelque sorte lutter. Même quand on est un maître, on n'est jamais installé une fois pour toutes dans le savoir et la puissance.

La lutte de Jacob avec l'ange est celle de chacun d'entre nous avec ses faiblesses. Elle est le combat sain qui incombe pour advenir à soi-même. Or, on n'advient à soi-même qu'en reconnaissant ses vulnérabilités, en les acceptant au lieu de rester dans l'illusion naïve de notre impuissance.

C'est par l'acceptation de ma vulnérabilité que je peux accepter d'écouter l'autre pour apprendre quelque chose de nouveau, que je peux m'enrichir, me dépasser, me déplacer, que je peux être transformé par le réel, par une rencontre. Jacob, parce qu'il est le second, parce qu'il est blessé, maladroit, va devoir aller chercher en lui la foi en la vie qui ne lui est pas donnée. C'est ainsi qu'il trouvera sa place de patriarche.

Nos blessures nous invitent à un dépassement. Tout être humain est blessé, mais seul celui qui reconnaît sa blessure réussira à la transformer en une force plutôt que d'en avoir honte et d'en être paralysé.

9

Peau d'Âne

ou les lois étranges du désir

Il était une fois un roi marié à une reine qui était très belle. Ils étaient amoureux et avaient une fille, une jolie princesse. Mais cette histoire commence mal : la reine meurt quand la princesse n'est encore qu'une enfant et, sur son lit de mort, elle fait promettre au roi qu'après elle, il n'épousera qu'une femme encore plus belle.

Ce décès plongea le roi dans un chagrin infini. Il refusait de voir quiconque, y compris sa fille qui grandit ainsi loin de lui. Mais la pression de la cour montait : il devait se remarier pour donner un héritier au royaume.

Les plus belles femmes furent convoquées ; aucune ne trouva grâce à ses yeux. Mais un jour, alors qu'il traversait les couloirs du palais, il croisa une jeune fille encore plus belle que la reine : c'est elle qu'il allait épouser. Il ne se doutait pas que cette jeune fille était sa propre fille dont il s'était détourné.

Affolée, la princesse demanda conseil à sa marraine, la fée Lilas, qui lui suggéra de poser une condition au roi : elle l'épouserait à condition qu'il lui offre une couleur de temps. Le roi convoqua les meilleurs couturiers qui relevèrent ce défi, aussi bien que les autres défis suggérés par la fée : confectionner une robe couleur de lune, puis une robe couleur de soleil.

La princesse ne pouvait pour autant se résoudre à épouser son papa, à briser l'interdit de l'inceste qui fonde la civilisation humaine et à revenir dans une forme de barbarie.

La fée Lilas eut encore une idée : demander au roi de sacrifier l'âne merveilleux, le plus précieux trésor du royaume qui, au lieu de crottins, produisait chaque jour des écus d'or, et d'offrir sa peau à sa fille. Aveuglé par son désir, le roi fit tuer l'âne. Il ne resta à la princesse qu'une seule issue : s'enfuir. Revêtue de la peau d'âne, elle partit très loin, arriva dans un petit village où les fermiers, apitoyés par ce souillon, l'installèrent dans une petite cabane et lui donnèrent à surveiller les cochons et les dindons. La fée, attendrie, la fit suivre par un coffre magique renfermant les trois robes inouïes et des bijoux.

Le désir pervers du roi a coupé la princesse de sa propre splendeur et de sa dignité. Elle l'exprime en se couvrant de la peau d'âne. Il en va souvent ainsi : **celui qui subit un outrage, une humiliation, se sent marqué, atteint dans son humanité**

profonde, souillé, abîmé par le trauma vécu. Alors qu'il est la victime…

Mais tout n'était pas perdu : de temps en temps, quand elle était seule, Peau d'Âne, puisque tel était désormais son nom, se lavait, revêtait l'une de ses robes et se parait de bijoux, renouant ainsi avec sa dignité, se reconnectant, malgré le traumatisme, à sa nature humaine.

Un jour, un jeune prince qui traversait le village aperçut Peau d'Âne par la fenêtre de la cabane. Elle portait sa robe couleur de soleil et il tomba aussitôt amoureux. Il s'enquit de son identité, les villageois s'amusèrent de son intérêt pour celle qui n'était qu'un souillon. Mais lui avait vu la splendeur de la dignité de la princesse.

Rentré chez lui, le prince plongea dans une infinie triste. Pour se consoler, il ne demanda qu'une chose : un gâteau préparé par Peau d'Âne.

Qu'il en soit ainsi ! Des messagers furent envoyés au village, Peau d'Âne rentra dans sa cabane pour s'exécuter mais, au préalable, revêtit l'une de ses robes et des bijoux. Elle tenait à se montrer digne de ce présent qu'elle préparait. Mais, sans qu'elle ne s'en rende compte, l'une de ses bagues glissa de ses doigts et se nicha dans la pâte qu'elle pétrissait.

Le prince reçut le gâteau mais, en mangeant une part, faillit s'étouffer avec la bague qui y avait glissé. Une bague de princesse ! Il décida qu'il épouserait celle qui aurait les doigts assez fins pour l'enfiler. Toutes les jeunes filles du royaume furent aussitôt convoquées, les nobles, les roturières et même les servantes, mais aucune ne réussit à enfiler cette bague. Seule Peau d'Âne ne l'avait pas essayée. Elle fut amenée à son tour au château. La bague était bien la sienne. En l'enfilant, elle laissa tomber sa peau d'âne sous laquelle elle avait mis sa plus belle robe.

Les noces, dit le conte, durèrent trois mois. À la demande de Peau d'Âne, le roi y fut convié. Il demanda pardon à sa fille et l'embrassa avec tendresse.

Si Peau d'Âne a surmonté son traumatisme, c'est parce qu'elle ne s'est jamais laissée aller à la dérive : de temps en temps, elle remettait ses robes, retrouvait sa fierté. Mais ce qui va vraiment la transformer, c'est le regard de l'amour, du prince qui a vu dans la profondeur de son être. Le désir mal placé de son père l'avait souillée. **Le désir juste du prince l'a remise dans sa dignité d'être humain.**

Si ce conte fascine autant, c'est aussi parce qu'il parle de la sauvagerie du désir, symbolisée par la peau d'âne, et de la possibilité de l'apprivoiser par l'amour. Car le prince a aussi aimé la souillon revêtue d'une peau d'âne, avec ce que cela suggère d'intensité, d'archaïsme, qui bouscule, qui enflamme. La sexualité n'est pas policée, et c'est ce que raconte aussi l'histoire de Peau d'Âne…

10

La reine des Neiges
ou la dictature de l'efficacité

Il était une fois un petit garçon, Kay, et une petite fille, Gerda. Ils étaient voisins, ils passaient des heures à jouer ensemble et à s'occuper de leurs rosiers. Ils s'aimaient profondément. Jalouse de leur amitié, la reine des Neiges décida de la briser. Pour cela, il lui suffit d'envoyer deux éclats de son miroir de glace ensorcelé, l'un qui pénétra dans le cœur de Kay, l'autre dans son œil. Le premier le coupa instantanément de l'amour : Kay cessa d'aimer quoi que ce soit, de juger quoi que ce soit digne d'être aimé. Le second troubla sa vision : rien désormais ne lui semblait beau, aimable ; tout était froid, glacé, glacial.

Du jour au lendemain, Kay se métamorphosa en un être dur et indifférent, orgueilleux et méchant, qui prenait plaisir à détruire les rosiers de Gerda et refusait de rendre le moindre service, préférant se plonger dans la réflexion, dans l'anticipation, dans la vision à long terme. Il devint, ajoute Andersen, qui signe ici son conte le plus long, un conte inédit issu de sa seule imagination, un garçon malin, réfléchi. « Il est intelligent », disait-on alors de lui. La froideur du calcul remplaça en Kay la poésie et la chaleur des émotions. Pour Andersen, c'était évidemment une tare. Nous, aujourd'hui, avons, au contraire, tendance à être admiratifs de ce phénomène que nous associons à plus d'efficacité, à plus de justesse, sans en voir la profonde monstruosité.

La reine des Neiges invita Kay à la rejoindre. C'est normal : les individus glacés, calculateurs, s'entourent de personnes qui sont elles aussi glacées, calculatrices : **c'est la conspiration de plus en plus puissante de l'efficacité qui favorise la déshumanisation**. Mais la Reine, incapable de la moindre empathie, emprisonna aussitôt Kay.

Triste d'avoir perdu son ami, inquiète de sa disparition et n'écoutant que son cœur, Gerda partit à l'aventure pour le délivrer. Elle traversa des contrées obscures hantées par les maléfices et parvint, après maintes péripéties, au château de la Reine où Kay était enfermé. Elle se précipita aussitôt pour l'embrasser, mais le garçon, dont le cœur avait été obscurci, ne la reconnut pas. Elle essaya de réveiller sa mémoire, lui conta ses aventures, mais il n'éprouva pas la moindre tendresse pour elle, la moindre reconnaissance pour le courage dont elle avait fait montre. Gerda tentait d'engager le dialogue avec lui, il détournait la tête : dans le monde de l'efficacité, l'amour n'a pas sa place.

À bout d'arguments, Gerda versa une larme. Une seule larme qui n'était pas de l'ordre de la plainte mais venait du fond de son être. Celle-ci pénétra droit dans le cœur de Kay et sa chaleur fit disparaître la glace qui l'emprisonnait. Kay se réveillait de son cauchemar. Soudain ému, il fondit en larmes et l'éclat planté dans son œil, celui qui l'aveuglait, disparut à son tour. L'enfant retrouva la vérité de l'amour, donc l'enchantement du monde. Il redevint humain, il réussit à se rencontrer. Il était sauvé et il courut avec Gerda jusqu'à leur village.

La malédiction de l'éclat du miroir est le libéralisme échevelé que l'on nous a inculqué. Elle est l'idéologie selon laquelle l'amour n'est pas partout à sa place, la croyance qu'il est souvent une chose inutile, absurde, la certitude que nous irons mieux en nous endurcissant. Nous en avons été intoxiqués. Notre cœur est pris dans une gangue de glace.

La langue française a ceci de merveilleux que ses expressions, souvent imagées, disent exactement la réalité. « Nous fondons d'amour » parce que notre langue sait les douleurs qu'engendre la glaciation du cœur. Notre langue sait aussi que l'amour reste au fond de notre cœur. Il n'en disparaît jamais, même quand il est prisonnier d'un éclat de miroir de glace.

Quand tout semble perdu, ce conte d'Andersen nous invite à faire quand même confiance au cœur, à la capacité de s'émouvoir, à un sursaut du plus profond de notre manière d'être fidèles à la vie et à notre humanité.

Ne renonçons jamais à laisser l'humanité s'exprimer en nous.

11
Lancelot
ou les mirages qui tétanisent

Lancelot du Lac n'est pas le héros d'un conte de fées, mais l'une des figures majeures de la littérature médiévale. La version la plus extraordinaire de ses aventures est contée au XIIe siècle par Chrétien de Troyes, le premier romancier de langue française, pour moi une source infinie d'inspiration. Le génie de Chrétien de Troyes est d'avoir articulé ce que l'on pensait jusque-là inconciliable : la dimension chevaleresque (celle de *La Chanson de Roland*, par exemple) avec la dimension de l'amour romanesque, alors inédite. Sans doute faut-il y voir l'influence de Marie de Champagne, sa mécène, qui le poussa à intégrer quelque chose de féminin dans la littérature...

Personnage central du cycle arthurien, Lancelot est l'un des fidèles chevaliers du roi Arthur, ce qui ne l'empêche pas d'être follement amoureux de l'épouse du roi, la reine Guenièvre. Quand celle-ci est enlevée puis emprisonnée dans un royaume magique, mystérieux, interdit, inatteignable, Lancelot n'a plus qu'une idée en tête : la délivrer.

Après une longue quête et de multiples aventures, il arrive enfin avec ses compagnons non loin de la forteresse où la reine est retenue captive. Tous ces vaillants chevaliers commencent par analyser le lieu, son environnement… et ils en sont pétrifiés. En effet, une rivière tumultueuse les sépare de cette forteresse. Le seul moyen d'y accéder consiste à franchir un pont aussi tranchant qu'une épée. Ce n'est pas tout : de l'autre côté du pont, deux lions monstrueux gardent la forteresse. Face à ce double défi, de toute évidence insurmontable, les compagnons de Lancelot se mettent à pleurer et soupirer contre le sort qui s'acharne sur eux. Ils sont prêts à abandonner.

Lancelot, lui, ne s'avoue pas vaincu. Il veut par-dessus tout délivrer sa bien-aimée. Les yeux rivés sur la tour où elle est emprisonnée, il s'élance, seul et sans armes, à califourchon sur le pont de l'Épée. La lame scie sa peau. Le sang gicle de ses mains, de ses jambes. Il ne s'en soucie pas plus que des eaux sombres qui grondent en dessous de lui. Au fur et à mesure qu'il avance, il se sent même impatient d'éprouver son ardeur contre les lions qui le fixent. Il va les affronter ! Mais, au moment où il pose pied à terre, les lions disparaissent. Ils n'étaient en réalité qu'un enchantement destiné à mesurer sa détermination, symbolisant nos peurs souvent imaginaires. Ils sont les mirages qui nous tétanisent et qui, vus de loin, nous semblent insurmontables. De fait, **pour peu que l'on décide de s'y attaquer, ils se révèlent souvent beaucoup moins redoutables que nous les imaginions**, voire inoffensifs.

Lancelot a osé l'aventure, l'inconfort, les doutes, les dangers, les incertitudes. Avec cet épisode, la perception occidentale de l'héroïsme commence à changer de paradigme. Lancelot ne tire pas sa force de son épée ni de ses capacités à la manier, mais de l'amour qui le porte et lui permet d'aller au-delà de sa peur. Bien sûr qu'il a vu les lions mais, contrairement aux autres chevaliers, il ne s'est pas laissé arrêter par les « je ne peux pas » ou les « je ne sais pas », il n'a pas attendu de trouver des bazookas ou des drones pour affronter ces monstres. À un moment, il y est allé en se disant qu'il trouverait bien un moyen d'en triompher.

Arrivé au pied de la forteresse, il court vers le donjon et, quand il se retrouve devant Guenièvre, il oublie ses blessures : elles ne sont rien au regard du bonheur qu'il éprouve.

Nous-mêmes avons peur de nous blesser, de risquer, de sortir des chemins balisés. **Nous voyons des lions partout et préférons rester là où nous nous croyons confortables, là où nous sommes engourdis par nos habitudes**, là où il ne se passe rien, et nous renonçons même quand nous souffrons de la situation dans laquelle nous sommes. Nous ne tentons pas un concours, nous ne postulons pas à un poste, nous nous effaçons devant ceux que nous voyons comme des lions mais qui ne sont que des humains avec qui il est possible d'entrer en relation. Et nous nous raccrochons au ressassement de la plainte, à la dénonciation de l'injustice, de la dureté du monde. Nous ne nous rendons pas compte que **la pire vie est celle qui ne risque rien…**

Nous avons peur, mais Lancelot aussi avait peur. En se reliant à son allant, il a relevé le défi.

12

Le sage et le dindon

ou la malédiction du « il n'y a qu'à »

Il était une fois un prince qui vivait avec son père, le roi, et sa mère, la reine. Il était beau, intelligent, brillant... mais voilà qu'un jour, il commença à se prendre pour un dindon. Un vrai dindon ! Il refusait de s'habiller et, en plus de vivre nu, il avait pris ses quartiers sous la grande table de la salle à manger du palais où il picorait les miettes comme un dindon.

Affolés, le roi et la reine convoquèrent les meilleurs médecins, mais aucun remède ne soignait leur fils. Jusqu'au jour où un vieux sage sonna à leur porte et leur proposa son aide, à une condition : que personne n'interfère dans ce qu'il ferait.

Le roi et la reine acceptèrent.

Le vieux sage rentra dans la salle à manger, se déshabilla, se glissa sous la table à côté du prince et commença à glouglouter comme un dindon et à picorer les miettes tombées au sol.

Plusieurs jours passèrent ainsi. Le prince et le sage devinrent amis. Le sage demanda alors aux serviteurs de lui apporter deux chemises. Il en revêtit une, tendit l'autre au prince qui s'offusqua :

— Un dindon ne porte pas de chemise !

— Comment le sais-tu ? lui demanda le sage. Tu sais que tu peux porter une chemise et rester un dindon ?

La scène se répéta avec un pantalon puis, au fil des jours, le sage réapprit ainsi au prince à s'habiller, à se laver, à dormir dans un lit, et même à participer à une discussion. À chaque fois que le prince hésitait, le sage revenait à la charge :

— Pourquoi donc un dindon ne pourrait-il pas manger à table ou participer à une conversation ? lui demandait-il.

Et c'est ainsi que, tout en continuant à se prendre pour un dindon, le prince recommença à se comporter comme un prince.

Ce conte populaire, qui se retrouve dans différentes traditions, nous parle de manière impressionnante de nous et de la façon dont nous pouvons nous développer, nous transformer, changer.

Comme dans tous les contes, nous y sommes tous les personnages à la fois.

Nous sommes le prince qui, sous la table, au fond du trou, voit les médecins se succéder et le noyer de conseils : « Il n'y a qu'à » – chercher du travail, trouver un nouveau compagnon, sortir, rencontrer des gens, partir en voyage, investir, désinvestir, etc. Ces « il n'y a qu'à », nous nous les disons aussi, persuadés que tout est question de volonté.

Or, **ces « il n'y a qu'à » ne nous ont jamais aidés, nous qui, souvent, nous sentons comme un dindon, comme quelqu'un d'anormal, de moins accompli ou de moins chanceux que les autres**, qui n'a pas sa part au festin de la vie. Ce prince, c'est nous qui avons peur, qui nous pensons incapables, qui sommes submergés par nos difficultés.

Mais nous sommes aussi le sage. Il est l'intelligence en nous, qui peut nous aider à surmonter nos fragilités en jouant avec elles et en adoptant la politique du pas à pas.

Cette politique-là a été formalisée par Descartes dans son *Discours de la méthode*, une œuvre majeure de la philosophie occidentale. Face à certaines grandes questions, à certains grands problèmes, explique Descartes, nous sommes dans la confusion, dans une sorte de vaste forêt obscure, sans aucune certitude. Que faire alors pour avancer quand même ? La bonne manière d'agir, ajoute-t-il, consiste à commencer par décomposer cette question, ce problème, en petites unités, en petites étapes et à les franchir l'une après l'autre.

La seule possibilité de s'aider est de partir de là où l'on est, puis d'avancer pas à pas. Or, nous avons tendance à vouloir partir… de là où on envisage d'arriver. Grave erreur ! C'est l'absurdité, la malédiction du « il n'y a qu'à ». J'ai peur de parler en public ? Soyons sérieux ! Je ne vais pas me lancer devant une salle de deux mille personnes, au risque d'échouer. En revanche, **je vais commencer par reconnaître ma peur et jouer avec elle.** Je m'adresserai d'abord à un groupe d'amis, puis à un groupe d'inconnus à la station de bus, puis je prendrai la parole lors d'une réunion de parents d'élèves ou de voisins. Et peu à peu, le dindon que j'étais va sortir de sa paralysie, de sa peur, et se transformer en prince.

C'est le cœur profond de toute transformation qui repose sur :

1/ La reconnaissance, l'acceptation de notre fragilité – il ne sert à rien de la nier ni de s'en vouloir.

2/ La recherche du premier petit pas à effectuer, celui qui nous met en mouvement. On croit à tort qu'il n'est qu'un trois fois rien. En réalité, il est le déplacement qui change notre manière d'être. Le deuxième, puis le troisième pas s'enchaîneront ensuite tout seuls.

Nous avons tous notre place à la table du roi.

13

Naropa

ou le piège de la suffisance

Avec Naropa, nous sommes à la frontière entre l'histoire vraie et le conte. L'histoire vraie est celle d'un grand érudit qui vécut effectivement en Inde au XIe siècle et qui abandonna les honneurs pour s'engager dans une quête spirituelle et devenir l'un des plus grands maîtres du bouddhisme. Mais telle qu'elle a été transmise et nous est parvenue, cette histoire ressemble à un conte de fées…

Naropa, fils de roi, était destiné à succéder à son père. Mais ses parents étaient éclairés. Leur fils avait soif de savoirs et ils l'autorisèrent à s'engager sur la voie des études sans se douter que très vite, il choisirait de continuer à apprendre plutôt que d'envisager de régner. À cette époque, les hautes études étaient avant tout théologiques, et cela convenait à Naropa qui, après un bref mariage, fut ordonné moine et continua d'étudier. À 30 ans, considéré comme un sage et un savant, il fut nommé recteur de la grande université bouddhiste de Nalanda.

Érudit respecté de tous, Naropa passait des journées entières dans sa bibliothèque à dévorer des livres et à coucher ses réflexions sur parchemin. Il avait une immense soif de spiritualité.

Un matin, il était dans sa bibliothèque quand, sans même que la porte s'ouvrît, une sorcière aux cheveux jaunes et aux dents noires apparut devant lui. Ne prenant pas la peine de le saluer, elle lui posa aussitôt une question :

— Comprends-tu les mots que tu lis ?

Ne se laissant pas démonter par cette curieuse apparition, Naropa dévisagea cette vieille femme et lui répondit du bout des lèvres par l'affirmative, avant de se replonger dans le livre qu'il tenait en main.

La sorcière le félicita chaudement et lui posa aussitôt une deuxième question :

— Comprends-tu le sens de ces mots que tu lis ?

Là aussi, Naropa répondit du bout des lèvres par l'affirmative, sans lever les yeux de son livre. La sorcière se précipita aussitôt sur lui et, tout en le battant rudement avec sa canne, elle le traita de menteur et de perroquet savant, sachant certes analyser l'étymologie d'un mot, mais n'ayant rien compris de la vie. Et elle disparut, laissant l'érudit en état de choc : brusquement, **il venait de prendre conscience de la suffisance de la pensée conceptuelle.** Cette sorcière avait raison ! Le soir même, abandonnant ses livres, Naropa partit en chemin pour trouver celui qui pourrait devenir son maître et lui expliquer le sens de la vie.

Il marchait quand il croisa une vieille lépreuse lui barrant le chemin. Il l'apostropha : « Pousse-toi, je suis pressé, je dois atteindre la réalisation spirituelle. » Sans même le regarder, elle lui rétorqua : « Comment crois-tu te réaliser si tu es sans cœur ? Tu n'as aucune chance d'y parvenir ! » Ce qu'elle lui disait en réalité, c'est que, bien qu'étant sorti de sa bibliothèque, il était encore enfermé dans ses concepts.

Le chemin de Naropa fut très long, scandé de douze rencontres, pour la plupart avec des *dakinis*, des sorcières ou des démons féminins qui l'amenèrent progressivement à ouvrir son cœur pour sortir de l'aveuglement dans lequel le plongeait sa suffisance. Et c'est ainsi qu'il accéda enfin au vrai savoir et à la sagesse.

L'histoire de Naropa est emblématique du défi qui nous menace tous et qui menace nos démocraties : la croyance selon laquelle la compréhension intellectuelle, cérébrale, suffirait à nous mettre en rapport avec la réalité.

Nous sommes en permanence pris dans ce piège. Nous lançons de grands principes : la solidarité, la générosité, l'amour, la compassion… Nous nous invectivons autour de ces principes… sans jamais descendre de notre piédestal. Mais qu'en est-il dans la vraie vie ? **Comment incarnons-nous ces principes que nous érigeons en étendards ?**

Que savons-nous de leurs implications réelles sur nous, sur les autres, sur le monde ?

Autour de nous, de grands savants dotés de savoirs infinis montent tous les jours sur leur piédestal pour nous assener des leçons. Ils nous impressionnent par leur stature, par leur maniement du verbe, mais ce qu'ils disent est complètement creux. Ils nous prennent en otage.

Observons encore plus finement la scène. Observons-nous nous-mêmes. Chacun d'entre nous a, à un moment ou un autre, tendance à jouer à ces grands savants. Et nous manquons cruellement de sorcières qui viendraient nous rappeler à l'ordre, nous dire de nous mettre en route et de nous confronter au réel pour de bon.

Soyons des sorcières pour nous-mêmes. Les sorcières ont toujours raison…

14

Narcisse

ou comment mettre fin au burn-out

Narcisse est le mythe le plus méconnu et le plus malmené de notre temps. Il est devenu le nom d'une faute, il est en réalité celui d'une rédemption. Nous souffrons aujourd'hui d'être trop peu narcissiques.

Que nous raconte ce mythe ?

Fils d'une nymphe, Narcisse est porté, à sa naissance, devant le devin Tirésias qui prédit : « Cet enfant vivra vieux s'il ne se connaît pas. » Étrange phrase…

Durant son enfance, tout est fait pour que, effectivement, Narcisse ne se connaisse pas – symboliquement, la légende raconte qu'il lui est interdit de se mirer. Au fil des ans, il acquiert une beauté sans pareille – dans la mythologie, la beauté n'est pas seulement celle du corps, mais aussi celle de l'âme, celle de l'être. On peut en déduire que Narcisse est « une belle personne », mais il ne s'en doute pas.

Beaucoup parmi nous sont dans ce cas, je les vois autour de moi : ils ne savent pas qui ils sont, ce qu'ils sont, ce qu'ils veulent, ce qu'ils aiment. Et quand ils ou elles reçoivent un compliment, pourtant sincère, ils n'y croient pas. Ils craignent tant, en se regardant, de ne voir que la laideur, c'est-à-dire leurs insuffisances et leurs défauts, qu'ils préfèrent littéralement rester à côté d'eux-mêmes. C'est l'une des figures de l'aliénation les plus répandues de nos jours.

Narcisse grandit dans cette méconnaissance de soi. Ceux qui le rencontrent tombent amoureux de lui. **Il ne répond pas à leur amour parce qu'il n'y croit pas.** Désespéré, Amenias se donne la mort par l'épée. La nymphe Écho se laisse dépérir jusqu'à ce qu'il ne subsiste d'elle que sa voix. En fait, il ne les croit pas, pour une raison simple : tant que l'on n'a pas vu notre propre beauté, personne ne peut nous la montrer. Alors nous restons en surface. Nous ne savons pas qui nous sommes, et ça marche provisoirement : nous nous adaptons aux autres, nous répondons à ce qu'ils attendent de nous, et peu importent nos propres désirs, nos besoins profonds.

Un jour, Narcisse se découvre. Pour mieux nous le dire, le mythe met cette découverte en images : au retour d'une journée de chasse, il se penche sur une source et voit, pour la première fois, son reflet dans l'eau. Qui donc est ce jeune homme ? Il le regarde, le trouve beau : il ignorait tout de sa propre beauté – **nous ignorons tous notre propre beauté, alors que nous sommes si prompts à la voir chez les autres.** Il passe des jours à admirer cette image qui lui semble complètement extérieure à lui. Il souffre d'être séparé d'elle, il ne réalise pas qu'elle est en lui, qu'elle est lui. Il souffre de plus en plus de ne pas obtenir la satisfaction de ce qu'il recherche.

Il vit une situation de burn-out : je multiplie les efforts pour être reconnu, accepté, estimé, pour trouver ma place, pour accéder à une beauté qui me semble extérieure à moi, je m'instrumentalise sans savoir ce que je suis, ce que j'aime, ce que je veux, ce qui est juste pour moi. Je ne m'autorise pas à être narcissique, c'est-à-dire à m'écouter. Je me protège derrière ce que le pédiatre et psychanalyste britannique Donald Winnicott a appelé le faux self : une personnalité d'apparat qui, d'une part protège le vrai self, ce que nous sommes vraiment, mais d'autre part risque de l'escamoter complètement, puis de l'étouffer, ce qui n'est pas sans conséquence. On est alors aliéné, entièrement soumis à cette image, à ce que nous croyons que veut l'autre, pris dans l'unique désir de faire plaisir à cet autre.

Narcisse est tombé amoureux de l'image qui se reflétait dans l'eau, sans jamais se douter qu'elle était la sienne. Quand il en prend conscience, il touche une forme de jubilation et se transforme aussitôt en une extraordinaire fleur blanche au cœur d'or, la fleur de la joie pure, la première à éclore après l'hiver, et qui porte désormais son nom : le narcisse. Il renaît.

Quiconque a eu la chance de voir un champ de narcisses ne peut qu'être saisi par cette splendeur de l'éclosion de la vie qui avait subjugué les anciens. Si être narcissique était une faute, les Grecs n'auraient certainement pas nommé Narcisse ainsi. Ils lui auraient choisi un autre nom, plus sombre, plus terrifiant. Or, pour donner vie à ce mythe, ils ont opté pour le nom de la renaissance.

Tu ne sortiras pas du burn-out en apprenant à mieux « te gérer », comme on te le dit, mais parce que tu auras pris le temps, comme Narcisse, de te rencontrer, d'être enfin dans le respect de tes besoins, de tes désirs, de ce que tu es et, par-là, de rencontrer la beauté qui est au fond de toi, au fond de chacun de nous.

Tant que tu ne sais pas qui tu es, tant que tu n'as pas franchi le pas du narcissisme, tu es perdu dans le labyrinthe et t'épuises à chercher à en sortir. Mais en vain.

15

Le vilain petit canard

ou l'obsession de la norme

« On était au milieu de l'été. » Ainsi commence ce conte d'Andersen qui, comme tous les contes, véhicule une profonde sagesse et une leçon de vie.

Dans un coin de la ferme, une cane avait établi son nid et couvait ses œufs. Il lui tardait d'aller elle aussi barboter. Un matin, elle entendit un premier « pi-pib » suivi de plusieurs autres : ses œufs étaient en train d'éclore et d'adorables petits canetons en sortaient, ressemblant tous, d'une manière étonnante, à leur père. Mais elle ne pouvait pas encore aller gambader : un seul œuf, le plus gros, restait fermé.

Une vieille cane, venue lui rendre visite, l'inspecta et se montra horrifiée : « C'est un œuf de dinde, et ces êtres ont peur de l'eau. Laissez-le et apprenez aux autres à nager. » La vieille cane a cette attitude si commune de rejeter les personnes différentes. Une attitude qui se manifeste dès l'école où le petit garçon ou la petite fille qui ne jouent pas comme les autres, ne sont pas habillés comme eux, n'ont pas les mêmes centres d'intérêt, se retrouvent seuls dans la cour de récréation. Et qui se perpétue dans le monde adulte avec la mise à l'écart, dans l'open space par exemple, de celui ou celle qui ne rient pas aux mêmes blagues que les autres, ne « jouent pas le jeu », osent un avis différent, des désirs singuliers. Comme le dit Brassens, « les braves gens n'aiment pas que l'on suive une autre route qu'eux ».

La maman cane continua néanmoins à couver son œuf qui, effectivement, finit par crever. Il en sortit, non pas un délicieux caneton jaune, mais un énorme canard tout gris et pas très beau qu'elle emmena aussitôt à l'eau pour s'assurer qu'il ne s'agissait pas d'un dindon. Il plongea, comme ses frères. Elle le regarda, attendrie : « Il n'est pas si laid lorsqu'on le regarde de près. » Elle l'aimait déjà, même s'il était différent.

Mais **la vie en société n'est pas un long fleuve tranquille quand on a des particularités.** Le vieux canard au ruban rouge fut le premier à se moquer : « Quel dommage que vous ne puissiez pas le refaire ! » Et les autres canards de suivre le meneur pour abonder dans son sens : « Nous n'en voulons pas ! » Pour sa laideur, le vilain petit canard était mordu, poussé, bafoué, non seulement par les canards mais aussi par les poulets. La cane était partagée entre amour et pitié : « Je voudrais que tu fusses bien loin mon chéri », lui dit-elle un jour.

Alors, le vilain petit canard prit son envol par-dessus la haie. Mais il était partout dédaigné, mal accueilli. Il avait l'impression de n'avoir sa place nulle part et il passa un hiver tragique.

Il n'espérait plus rien quand, un jour de printemps, il vit trois magnifiques cygnes blancs qui nageaient dans un étang en battant des ailes. Certain qu'ils allaient le tuer, il baissa la tête et vit alors son reflet dans l'eau : il était un cygne lui aussi. Le plus beau des cygnes.

L'histoire du vilain petit canard nous éclaire sur le fonctionnement de la norme. **La norme ne me voit pas comme je suis, mais comme elle considère que je dois être.** Georges Canguilhem, le philosophe et résistant français, l'appelle « la maladie de l'homme normal », l'homme dit immobile parce qu'il refuse tout mouvement qui ne serait pas dans ce qu'il considère être, justement, la norme. Vu de l'extérieur, cet homme-là semble bien adapté. Mais au fond de lui, il est dans un profond malaise parce qu'il n'est en rapport avec rien, coupé de toute empathie, coupé de soi. Car, pour être et rester « dans la norme », peu importe ce que l'on désire, ce que l'on ressent, ce que l'on aime, ce que l'on veut. D'ailleurs, personne n'interroge le vilain petit canard à ce sujet. L'essentiel est ce que l'on montre et qui doit ressembler à ceux que les autres montrent aussi. Ou essayent en tout cas de montrer.

La norme est une forme de pouvoir invisible qui se rapproche de la barbarie, qui nous écrase pour peu que l'on ne rentre pas dans une case, dans un cadre, que l'on ne réponde pas à des standards. Hors normes, on est, comme le petit canard, dénié du droit d'exister. Même si l'on est un cygne.

16

Orphée

ou la victoire sur ce qui nous empêche de vivre

Héros de la mythologie grecque, Orphée est le fils du roi de Thrace et de la muse Calliope. Comblé de dons par Apollon à sa naissance, il est poète, il est musicien, il sait, par les accents de sa lyre, charmer toutes les créatures de la terre et des cieux, même les animaux sauvages.

Orphée a tout pour être heureux. Il a même rencontré l'amour avec la dryade Eurydice qui l'aime aussi. Mais voilà que le jour de leurs noces, elle est mordue par un serpent caché dans les hautes herbes. Elle en meurt et descend au royaume des Enfers d'où personne ne revient.

Devant cette tragédie, Orphée est inconsolable. Il ne veut pas baisser les bras, il refuse de vivre sans Eurydice et, grâce à ses chants déchirants, convainc les dieux des Enfers de l'autoriser à courir derrière elle pour la ramener. Les dieux accèdent à sa demande mais lui posent néanmoins une condition : quand il aura trouvé Eurydice et qu'elle le suivra, jamais il ne se retournera ni ne lui parlera pour s'assurer de sa présence, et cela jusqu'à ce qu'ils réintègrent ensemble le monde des vivants. Cette condition est une vérité dont chacun d'entre nous a fait l'épreuve : dans une situation difficile, face à la maladie, face à l'échec, et **si nous voulons trouver la lumière, l'espoir, nous sommes obligés d'avancer, d'accomplir le voyage sans en connaître l'issue**, sans avoir la certitude de vaincre ni, souvent, celle d'avancer dans la bonne direction.

Orphée entreprend donc son voyage. Malgré l'obscurité, malgré la présence de démons effrayants, de pièges, il retrouve son Eurydice et entame avec elle le chemin du retour.

Il existe deux versions différentes de la suite de l'histoire. Dans la plus ancienne, celle du monde grec, Orphée a pleine confiance, il ne se retourne jamais et les deux héros retrouvent la vie. Dans la version romaine, popularisée au tournant de notre ère par Ovide, juste avant de toucher le but, Orphée, avide de voir sa bien-aimée, se retourne et la perd pour la seconde fois. « Aussitôt elle tomba en arrière, tendant les bras, luttant pour être saisie et pour le saisir, mais la malheureuse n'attrape que l'air qui se dérobe. »

L'issue ne change rien au sens de ce mythe qui a profondément inspiré l'Occident, de Dante à Rimbaud en passant par tous les grands poètes qui ont raconté la traversée des Enfers dans une forme d'espérance afin d'en ramener la lumière. Bien sûr, nous avons toujours l'option de rester sur le seuil, dans une sorte de positivité béate ou de passivité déprimante, en somme dans le statu quo, mais il n'émerge de celui-ci qu'une vie terne et fausse.

Traverser les Enfers, c'est aller à la rencontre de l'épreuve qui m'empêche de vivre. L'enfer est peut-être la situation sociale, politique, climatique, ou encore un problème familial, professionnel. Oser regarder vraiment la situation est le seul moyen de voir où sont les pièges, les portes closes, les impasses, les voies à suivre pour ensuite pouvoir débloquer cette situation. Et cela, il faut savoir le faire « sans pouvoir se retourner », sans certitudes mais avec confiance.

Orphée aurait pu rester à la porte des Enfers à se lamenter, à élaborer des théories, à « réfléchir » comme on le dit aujourd'hui, et à attendre vainement le retour d'Eurydice. Il a retroussé ses manches et s'est engagé dans une action sans être certain du résultat, en sachant qu'un petit grain de sable pourrait signer son échec. Mais il y est allé, il s'est engagé dans la douleur, dans la difficulté pour ramener la lumière dans sa vie avec intelligence.

Ce n'est pas en restant sur le seuil, ni dans la négation, ni dans le surplomb que nous réglerons nos problèmes, quels qu'ils soient. Nous avons des emmerdes ? Entrons dans le réel, dans le concret, mettons nos mains dans le cambouis, consentons à prendre le risque d'avancer à tâtons pour découvrir un chemin inespéré. Au fond, nous n'avons pas le choix…

17

Ali Baba
ou comment devenir riche

Il était une fois un pauvre bûcheron qui s'appelait Ali Baba. Tous les jours, il partait seul dans la forêt pour couper du bois. Un matin, une troupe de cavaliers s'enfonça dans la forêt. En les entendant arriver, craignant qu'ils lui volent son bois puis le tuent, il grimpa se cacher au sommet d'un arbre et fut ainsi le témoin d'une scène étonnante.

Debout devant un rocher, le chef de la bande dit à voix haute : « Sésame, ouvre-toi ! » Le rocher se déplaça aussitôt comme une porte et s'ouvrit. Les cavaliers, il s'agissait en réalité de quarante voleurs, s'engouffrèrent dans la grotte qui se révélait, puis leur chef dit : « Sésame, ferme-toi ! » Et le rocher se referma.

Perché sur son arbre, Ali Baba attendit que les voleurs sortent de la grotte et s'éloignent, puis il se posta à son tour devant le rocher et articula, comme l'avait fait le chef : « Sésame, ouvre-toi ! »

La « porte » s'ouvrit. Il s'engouffra dans la grotte qui était remplie d'or et de marchandises précieuses. Il en chargea autant qu'il put sur son âne et prit soin de refermer l'issue avant de partir.

Rentrer dans une grotte aux trésors est une figure qui revient dans nombre de mythes et de contes. Elle symbolise le fait de s'enfoncer dans les profondeurs de son propre être, de ce qui nous habite, et ce n'est pas toujours facile, pour y découvrir des trésors cachés. Quant à « Sésame », le mot magique qui, dans ce conte, donne accès à la grotte, il est nom d'une toute petite graine, d'un presque rien. Il n'a pas été choisi au hasard : en effet, **rentrer en soi pour y trouver nos richesses ne requiert pas un effort surhumain, mais une attention à de toutes petites choses qui sauront nous y conduire.**

Ali Baba retourna chez lui avec son tas d'or. Du jour au lendemain, sa vie prit une tout autre tournure qui intrigua son frère, Kassim, un riche marchand. Kassim vint questionner Ali Baba qui, de bon cœur, lui raconta le secret de sa fortune et lui dit même comment il était entré dans la grotte. Dès le lendemain, Kassim s'y précipita, ouvrit la porte avec la formule magique mais, éberlué par tout l'or qu'il voyait, en oublia le « sésame » permettant d'en ressortir. Son avidité l'avait perdu. Il n'avait ni la curiosité ni l'ouverture d'esprit d'Ali Baba, il ne cherchait pas à entrer dans la profondeur de son existence, mais seulement à accumuler des richesses. Dans l'après-midi, les voleurs, de retour, le surprirent et le tuèrent aussitôt.

Inquiet de l'absence de son frère, Ali Baba se rendit à la grotte, trouva le corps, le ramena chez lui et, avec l'aide de Morgiane, la servante de Kassim, il l'enterra sans attirer l'attention de personne. Quant aux voleurs, de retour quelques jours plus tard et ne retrouvant plus le cadavre qu'ils avaient abandonné sur place, ils se doutèrent que leur secret avait été défloré. Pour protéger leurs biens, ils devaient tuer cet importun.

À force d'intrigues, ils remontèrent la piste jusqu'à Ali Baba. Leur chef imagina un stratagème : il se déguiserait en marchand d'huile, demanderait l'hospitalité à cet homme, s'installerait chez lui avec des jarres qui ne contiendraient pas de l'huile mais où se cacheraient les voleurs. La nuit venue, ils assassineraient Ali Baba.

La servante Morgiane déjoua leur plan. Manquant d'huile pour préparer le repas, elle eut l'idée de se servir dans les jarres. Mais, en pénétrant dans la pièce où elles étaient entreposées, elle entendit les voleurs qui discutaient de leur plan nocturne.

Morgiane est la véritable héroïne de ce conte dans lequel **les quarante voleurs sont les symboles des quarante peurs qui nous font douter de nous, de nos projets, de notre richesse intérieure**, qui nous disent qu'on n'a pas assez, qu'on devrait avoir plus, que ce que l'on fait n'est pas bien, en somme de tout ce bavardage intérieur qui nous assaille en permanence. Par son intelligence, elle a repéré ces peurs qui nous paralysent, qui veulent nous tuer. Et elle va les tuer en les noyant d'huile bouillante, symbole de la capacité d'observation.

Pour se venger, quelque temps plus tard, le chef des bandits s'établit comme commerçant et se lie d'amitié avec le fils d'Ali Baba. C'est une fois de plus Morgiane qui déjouera le piège et tuera cet homme perfide.

Le conte s'achève par le mariage du fils d'Ali Baba avec Morgiane qui, par sa capacité d'observation et par son intelligence profonde, sauva la vie de toute la famille.

18

Le terrier de Kafka

ou l'obsession de tout contrôler

Six mois avant sa mort survenue en 1924, Kafka entame la rédaction du *Terrier*, un récit resté inachevé. Il est rédigé à la première personne et son narrateur est une créature mi-humaine mi-animale dont on ne sait pas grand-chose sinon qu'elle entreprend la construction d'un terrier qui la protégerait de tous ses ennemis invisibles, qu'elle ne connaît pas mais qu'elle imagine.

« Récit kafkaïen », direz-vous, donc angoissant. Telle est l'image que l'on a de Kafka aujourd'hui en oubliant qu'à son époque, on le trouvait d'abord comique et, comme le raconte Max Brod, son meilleur ami, à chaque fois qu'il lisait ses histoires en public, tout le monde était plié de rire – comme on l'est devant un film de Charlie Chaplin.

La créature est terrifiée. Elle érige un bunker souterrain, y multiplie les labyrinthes, les tunnels, les impasses, se torture pour imaginer de fausses entrées, y accumule des provisions sur lesquelles elle se jette de temps en temps de manière compulsive et reprend son travail que Kafka décrit avec un extrême souci du détail. Tous les jours, elle imagine de nouvelles améliorations et les met en œuvre, se sépare de manière encore plus étanche du monde extérieur pour se placer en sécurité. Mais ce n'est jamais assez. Bien qu'on ne voie pas l'ombre d'un ennemi, et elle non plus, elle élabore des scénarios délirants d'intrusions qui se solderaient par un massacre. Plus la construction avance, plus sa paranoïa s'aiguise, l'étouffe, alimente son sentiment d'insécurité.

La créature est dans l'obsession de tout contrôler. Elle vérifie tout, une première, une deuxième, une troisième fois. Cependant, loin de lui apporter la paix qu'elle recherche, cette obsession la rend encore plus paranoïaque.

Le Terrier est une caricature, c'est vrai. Les films de Charlie Chaplin le sont aussi. On y rit… mais on rit de soi-même. **Nous rions des mécanismes d'enfermement dans lesquels nous nous laissons parfois prendre quand nous caressons l'illusion de tout contrôler** : nos enfants, surtout quand ils sont adolescents, notre conjoint quand nous ne sommes plus certains de l'amour qu'il nous porte, nos équipes de travail quand nous sommes pris par les doutes, les soupçons, les besoins incessants de vérification. Enfermés dans nos terriers, nous avons l'impression que telle est la seule logique à suivre pour nous protéger. Et nous dépensons une énergie folle, mais vaine, à colmater des brèches qui n'existent pas, à construire, comme la créature, des ronds-points, des galeries, et même une place forte au centre du terrier pour nous enfermer en cas d'urgence. Comme pour la créature, cette activité devient de plus en plus fébrile, portée par une idée fixe : si tout est sous contrôle, je n'aurais plus de craintes, ni de peurs, ni d'angoisses. Je serais en paix.

La première fois que j'ai lu ce récit, j'ai compris qu'il était temps de me foutre la paix, de lâcher du lest pour rentrer dans le mouvement de la vie.

Nous produisons tous, à un moment ou un autre, pour asseoir notre soif de contrôle de la réalité qui nous entoure, des scénarios aussi invraisemblables que ceux qu'imagine la créature de Kafka. Le seul résultat que nous obtenons est l'alimentation involontaire de notre sentiment d'insécurité au détriment de notre bonheur. Nous imaginons des ennemis, nous craignons, en relâchant la pression, de faire face à un chaos total. Comme la créature, nous ne nous autorisons plus le moindre répit. Nous nous faisons du mal, à son image : « J'étais heureux quand j'avais le front en sang », dit-elle en décrivant les complexités de l'excavation de son terrier.

Aucune logique ne peut venir à bout de cette logique-là. La créature s'entête dans ce qui ressemble de plus en plus à un délire. Elle est persuadée d'avoir raison, convaincue d'être la seule à savoir.

Le seul remède que je connaisse à cette maladie est le rire. Alors, lisez Kafka et riez pour vous libérer.

19

Boucle d'Or et les trois ours

ou la sacralité de l'intimité

Boucle d'Or, ainsi nommée parce qu'elle avait les cheveux blonds et bouclés, habitait avec ses parents en lisière de la forêt où elle aimait gambader. Non loin de là vivait une famille ours. Il y avait le grand ours, le moyen ours et le petit ours.

Il faisait si beau ce jour-là que les trois ours sortirent se promener en attendant que leur déjeuner refroidisse. Ils laissèrent la porte de leur maison entrouverte : il n'y avait pas de voleurs dans le coin.

Boucle d'Or avait elle aussi décidé de se promener. En marchant, elle arriva devant la maison des ours et fut curieuse d'y entrer. Elle frappa à la porte : il n'y avait personne. Alors elle entra.

La table de la salle à manger était dressée, avec trois bols remplis de soupe. Elle goûta au premier, le plus grand : la soupe était trop chaude. Dans le moyen bol, la soupe était trop salée. Celle du petit bol était à son goût : elle la but jusqu'à la dernière goutte.

Puis elle voulut s'asseoir pour se reposer. La grande chaise était trop haute, la moyenne était bancale. Elle essaya la petite chaise mais, sous son poids, elle se brisa. « Ce n'est pas grave, se dit-elle. Je continue la visite. »

Boucle d'Or est la métaphore d'un grand nombre de nos contemporains qui, à force de clamer leur liberté d'agir et d'être, ignorent leurs limites et empiètent en toute bonne conscience sur le terrain d'autrui. Comme Boucle d'Or, ils considèrent qu'ils ont « le droit de » : se servir dans l'assiette des autres, casser leurs affaires, prendre ce qui leur sied, sans aucun souci de ces autres-là. Est-ce de la maladresse, de l'égocentrisme, de l'impolitesse, du je m'en-fichisme ? C'est en tout cas une mécompréhension totale de **la liberté qui ne consiste pas à faire ce que je veux, comme je veux, et peu importent les conséquences, mais qui devrait être un précieux outil pour construire une société juste et responsable.**

Boucle d'Or vit un escalier au bout de la pièce et entreprit de le monter. Elle va encore plus loin dans l'intimité de la famille ours, sans que cela réveille en elle la moindre gêne. Tout en haut des escaliers, il y avait une chambre à coucher avec trois lits : un grand, un moyen et un petit. Elle essaya le grand lit mais il était trop dur, le moyen lit était trop mou, le petit lit, lui, était à son goût. Elle se blottit sous les couvertures et s'endormit.

Les trois ours, qui avaient terminé leur promenade, rentrèrent chez eux. Ce fut le choc, et encore plus pour le petit ours qui n'avait plus ni soupe ni chaise. Il se mit à pleurer, tandis que le grand ours, suivi des autres ours, grimpait les escaliers. Le grand lit et le moyen lit étaient défaits. Dans le petit lit, il y avait Boucle d'Or. Réveillée par la voix des ours, elle prit peur et, voyant la fenêtre ouverte, s'y précipita pour courir jusque chez elle. Les trois ours ne la revirent plus jamais. Elle-même oublia sans doute très vite cet épisode. Je suis certain que les ours, eux, restèrent longtemps blessés par cette intrusion, par ce viol de leur intimité.

L'effraction de l'intimité de quelqu'un est un acte d'une violence inouïe. Si on fouille dans mes mails ou dans mes tiroirs, même si je n'ai rien à cacher, je ne serai pas content, c'est le moins que l'on puisse dire. Car j'aurai l'impression que l'on prend possession de ma vie. Il y a des choses qui me sont propres, que je n'ai pas envie de dire à tout le monde, de partager avec tout le monde, mais que je réserve à certains. Il ne s'agit pas forcément de secrets, simplement d'intimité. Et **on n'est pas en faute de vouloir préserver notre intimité.**

L'intimité, on n'en parle pas avec n'importe qui. Pouvoir choisir à qui je confierai ce qui m'appartient est un fondement de notre humanité. Certaines choses le seront à mon conjoint, d'autres à une amie, à un collègue, à mes enfants, à l'exclusion des autres. J'ai une intimité différente avec chacun, une sorte d'espace sacré lié à une histoire, à une confiance.

Je suis effaré quand je vois notre société prôner une transparence à tous crins, considérer que si l'on ne veut pas tout dire, c'est que l'on a quelque chose à cacher. C'est oublier que l'intimité est consubstantielle à notre existence.

20

Les trois souhaits

ou du bon usage d'un vœu

À quoi servent les vœux que nous échangeons en toute occasion, à commencer par le traditionnel « bonne journée » ? Ce conte des frères Grimm nous en donne l'explication.

Un jour, un pauvre bûcheron travaillait dans la forêt quand une fée lui apparut. « Je suis venue t'offrir trois souhaits. Tes trois prochains souhaits se réaliseront. Fais attention ! »

Et elle disparut.

Rentré chez lui le soir, le bûcheron raconta l'incident à son épouse qui ne le crut qu'à moitié. Comme il était l'heure de dîner, elle lui servit un bol de soupe. Le bûcheron fit la grimace. « Encore de la soupe ! J'aurais bien aimé une saucisse pour l'accompagner. »

Aussitôt, une saucisse apparut sur la table, déclenchant la colère de sa femme. « Tu as gâché un souhait ! Tu aurais pu demander autre chose ! » Elle se lamentait si fort que le bûcheron s'exclama :

« Je voudrais que cette saucisse te pende au bout du nez ! » Et voilà que la saucisse s'accrocha au nez de sa femme, et impossible de l'en retirer.

Espérant sauver la situation et se rappelant qu'il n'avait plus qu'un seul souhait à formuler, il proposa à sa femme d'en profiter pour demander des richesses, mais elle s'énerva encore plus : « Qu'est-ce que j'en ferai ? Les gens se moqueront de moi partout où j'irai. »

Le bûcheron aimait sa femme et il se mit d'accord avec elle : le troisième souhait serait celui de voir cette saucisse disparaître. Il en fut ainsi. Et il s'assit manger sa soupe, regrettant de ne pas avoir profité de la saucisse quand elle était encore là. Ils tombèrent d'accord sur une seule chose : leur bêtise.

Ce petit conte nous montre l'impossibilité de se souhaiter une possession réelle, matérielle sous peine d'entraîner déceptions et aigreurs. Car **le réel ne se contrôle pas, il ne se commande pas**.

En revanche, le souhait qui nous incombe est que la vie reste ouverte, que le possible soit toujours possible. La philosophie distingue le réel de l'irréel et du possible. Le réel est la saucisse, un ticket de loto gagnant, un nouvel amoureux ou une nouvelle amoureuse. L'irréel, c'est la lune à laquelle nous aspirons mais que nous ne réussirons jamais à décrocher malgré tous nos souhaits. Quant à la dimension du possible, nous la négligeons alors qu'elle est fondamentale. C'est une catégorie ouverte, libre, qui nous projette vers demain sans tracer de ligne définitive mais en espérant que le meilleur advienne, et qui sert aussi, voire surtout, à réenchanter le quotidien, à ouvrir le cadre dans lequel nous nous enfermons nous-mêmes.

Que puis-je souhaiter de mieux à un ami que de vivre une bonne année ? Ou d'être en bonne santé ? Certes, en toute logique, je n'ai pas le pouvoir de lui assurer une bonne année ni une bonne santé, mais en formulant ce vœu, j'exprime mon aspiration, je touche mon cœur et je manifeste mon lien avec cet ami. Je rouvre devant lui ou devant elle un champ de possibles que nous ne voyons pas quand nous sommes pris par le quotidien, par la routine, par les détails matériels, par la quête de ce qui nous manque.

Vous souhaiter une bonne année, un bon été ou une bonne journée, c'est parier que vous n'allez pas rester enfermé devant les épreuves de la vie, mais que vous allez les transformer.

Nous avons tous les jours besoin de rouvrir le possible pour ne pas être désespérés. Le souhait en a le pouvoir : ne le dilapidons pas comme l'a fait le bûcheron. Tel est le secret du bonheur, la « bonne heure ».

Je vous souhaite que le possible heureux arrive…

21

Antigone
ou la force de la résistance

À la mort d'Œdipe, roi de Thèbes, ses deux fils, Polynice et Étéocle, se disputent le pouvoir. Ils font plus que se disputer : ils s'entretuent littéralement et c'est leur oncle Créon qui est couronné roi.

Pour éviter de nouvelles dissentions et mettre court aux rumeurs, aux éventuelles velléités de soulèvement, Créon a besoin d'asseoir son autorité. Il s'empresse d'édicter le bien et mal : Étéocle, affirme-t-il, défendait la patrie et aura droit aux honneurs funèbres. En revanche, Polynice était un usurpateur, son cadavre ne sera donc pas inhumé mais jeté aux oiseaux de proie, une ignominie suprême dans la Grèce antique – et un message aux futurs opposants.

C'est là que Sophocle, l'immense dramaturge grec du Vᵉ siècle avant notre ère, à qui l'on doit cette pièce, fait entrer en scène Antigone, la sœur de Polynice et d'Étéocle. Il montre la jeune femme révoltée par cette décision inique, allant à l'encontre du sens de la justice qui l'habite au plus profond de ses entrailles. Passant outre l'interdit royal, elle décide de s'en aller de nuit enterrer son frère de ses propres mains. Elle considère qu'elle n'a pas d'autre choix.

Arrêtée par trois gardes, Antigone est emmenée devant son oncle le roi, par ailleurs père de son fiancé Hémon. Il l'invite à se défendre ; elle lui oppose un seul argument : « Ce n'est pas pour partager la haine mais l'amour que je suis née. » Outré, le roi la condamne à être emmurée vivante.

Mais la force de la phrase qu'elle a prononcée a remué la cité. Hémon, son fiancé, prend son parti, de même que le très respecté devin Tirésias. Le chœur qui, dans les tragédies grecques, représente souvent la population, plaide également la cause d'Antigone auprès du roi qui se laisse finalement convaincre. Mais il est trop tard : pour échapper au supplice auquel elle est vouée, Antigone a préféré se pendre. Hémon, son fiancé, fils du roi Créon, se donne la mort à son tour.

En son temps, cette pièce connut un succès inouï. Comme toutes les tragédies grecques, son rôle était de confronter les spectateurs, des hommes libres, des femmes, des esclaves, tous les habitants de la cité, à un conflit qui est dans le cœur de chacun d'entre nous. Elle intervenait par ailleurs au moment où la démocratie se mettait en place à Athènes, et elle valut à Sophocle d'être nommé stratège auprès du gouvernement de la cité.

Face à l'autoritarisme aveugle, source de barbarie, Antigone oppose le droit fondamental au respect de chaque être humain en tant qu'humain, quels que soient son âge, ses actions, sa religion ou sa nationalité. Ce devoir universel ne souffre aucune exception. Antigone nous appelle à dire « non » à la force du pouvoir brutal, quel que soit le prix de ce « non ». Elle lui oppose la force de l'amour – que l'on peut aussi appeler le devoir universel de compassion.

Plus qu'une héroïne de roman, cette femme qui dit non est la figure mythique de la résistance, capable de s'opposer activement à la loi quand elle lui semble injuste. Elle se bat au péril de sa vie, sans être sûre que la justice va advenir, mais en étant sûre qu'elle doit advenir, au nom d'une idée à laquelle elle ne peut pas renoncer sans tourner le dos à ce qui est le plus précieux pour elle.

Nous avons tous les jours mille occasions d'être Antigone face à Créon. N'abdiquons pas.

22

La princesse et le crapaud

ou comment ne plus avoir peur de l'inconnu

Il était une fois une princesse aussi belle que le soleil qui jouait dans son jardin avec sa balle d'or. Mais celle-ci lui échappa et tomba dans une fontaine si profonde qu'on n'en voyait pas le fond. Désemparée, la princesse se mit à pleurer. Elle pleura si fort qu'un crapaud l'entendit et vint à elle pour lui proposer un marché : il lui rapporterait sa balle si, en échange, elle acceptait de devenir son amie, de l'inviter au château et lui permettait de manger dans son assiette et de dormir dans son lit.

La princesse consentit, se promettant de s'enfuir bien vite dès qu'elle récupérerait la balle. Après tout, il ne s'agissait que d'un crapaud laid et inintéressant, alors qu'elle était elle-même une jolie princesse. De ce fait, sa parole et son engagement n'avaient aucune valeur auprès d'un personnage aussi insignifiant.

Mais le lendemain, le crapaud vint au château : il demandait son dû. Effrayée, la princesse, qui était à table et mangeait dans son assiette d'or, refusa de le laisser rentrer. Ne sommes-nous pas tous tentés de laisser l'inconnu derrière notre porte et de nous calfeutrer dans nos habitudes et notre petit confort, symbolisés dans ce conte par l'assiette d'or ?

Le crapaud, lui, ne l'entendait pas de cette oreille. Il frappa encore plus fort à la porte du château. Le roi, alerté par ce vacarme, lui ouvrit, écouta son histoire et, visage de la noblesse qui est en chacun de nous, il obligea sa fille à tenir sa promesse. Le crapaud se mit donc à table, mangea dans l'assiette d'or et, une fois repu, demanda à dormir dans le lit de la princesse.

Sa laideur était repoussante, mais sa gentillesse eut raison de la peur qu'il suscitait en elle. Sans doute aussi que, **du fait qu'il était rentré dans l'espace de la princesse, il avait cessé d'être un inconnu et de faire peur**. D'ailleurs, au moment de s'endormir, celle-ci déposa un baiser sur sa tête de crapaud. Ce tendre geste suffit à rompre le sort qui avait été lancé par une horrible sorcière : le crapaud se transforma sous les yeux de la princesse en un prince charmant. Et, puisque nous sommes dans un conte, ils se marièrent et eurent beaucoup d'enfants…

Ce conte de Grimm recèle, comme la plupart des contes et légendes du monde entier, une belle leçon de philosophie et de vie. Le crapaud est l'inconnu qui nous effraye par le seul fait qu'il nous soit inconnu. Il peut être une personne, une idée, un nouveau travail, une activité dont nous ne sommes pas familiers. Il est tout ce qui risque de nous étonner, de nous désorienter, de nous bousculer, de nous sortir de notre petit confort qui, en réalité, n'en est pas un. Il est surtout un élément essentiel de nos vies : le moteur qui nous permet d'avancer. Hegel, un grand philosophe allemand du XIXe siècle fasciné par la Révolution française, estimait ainsi que **l'on ne peut accéder à la vérité qu'en tournant le dos à la positivité molle pour aller vers l'inconnu, même si cet inconnu semble a priori négatif**. Ce passage seul est apte à nous ouvrir à une vraie réalisation, à un vrai accomplissement.

Or, la pseudo-positivité de l'assiette d'or nous aveugle. Elle nous empêche de rencontrer quoi que ce soit : nous avons trop peur de sortir de notre train-train, même lorsqu'il n'a rien d'exceptionnel, et nous préférons nous retrancher chez nous, dans le connu, quand bien même il ne nous satisfait pas, même s'il nous emprisonne, nous fait souffrir et, à la longue, finit par nous rabougrir.

Le crapaud s'est-il réellement transformé en prince charmant ? J'aurais tendance à croire qu'il est resté le même : c'est le regard porté sur lui par la princesse qui a changé. Quand elle l'a apprivoisé, l'inconnu qui la terrorisait a perdu son apparence déroutante, donc effrayante. D'un coup, il lui est apparu sous le jour formidable qu'il recelait déjà mais qu'elle ne voyait pas. Et, quand il a été autorisé à rentrer dans sa vie, il lui a changé sa vie, pour le meilleur.

Si je rejette tous les crapauds, je ne rencontrerai jamais aucun prince…

23

Job

ou faire la paix avec le non-sens

Job, raconte la Bible, était un homme intègre, riche et généreux. Très croyant, ce père de sept fils et de trois filles menait une vie heureuse… jusqu'au jour où les malheurs commencèrent à s'abattre sur lui : il perdit tous ses enfants en même temps, au cours d'un dîner, il perdit aussi ses troupeaux, ses richesses et jusqu'à sa santé : un ulcère malin le rongea de la tête aux pieds. En peu de temps, son univers s'était écroulé, une expérience qu'il arrive à certains d'entre nous de devoir traverser.

Les malheurs de Job n'ont pas forcément de lien entre eux, mais son entourage, sans doute pour l'aider, cherche un coupable – **c'est une tendance de l'esprit humain que de vouloir trouver une raison, donner du sens à toute chose** : « c'est de ta faute », « c'est de sa faute », « c'est le karma », « c'est la négligence »…

Son épouse pointa Dieu et lui dit : « Maudis-le ! » Job ne lui répondit pas.

Trois de ses amis passèrent sept jours et sept nuits à ses côtés avant d'oser lui parler. Croyant l'aider, ils insistèrent pour trouver un coupable. C'était peut-être Job lui-même ? « Quelle faute as-tu commise ? » lui demandèrent-ils. Mais Job savait qu'il n'était pas en train de payer ses péchés ni ses erreurs. Alors, pour tenter de le soulager, ils accusèrent Dieu : le Tout-Puissant aurait pu le prémunir de ces malheurs. Job rejeta leur explication. Car lui, dans sa sagesse, avait compris qu'il n'y a absolument rien à comprendre, que ses souffrances n'ont pas de sens, qu'elles font simplement partie de l'épreuve insensée et incompréhensible de l'existence. Il refusa de se prêter au jeu du grand inquisiteur désignant une sorcière bouc émissaire à brûler sur le bûcher.

Ses amis déplorèrent sa naïveté puis s'en indignèrent. Quoi ? Ils viennent le consoler et il ne veut pas de leur aide ? Ils s'en allèrent, Job resta inconsolable.

« Pourquoi ? » est la grande question de tous les temps. Un « pourquoi » qui se veut soulageant. Pourquoi y a-t-il des personnes admirables qui souffrent, et des salauds qui s'en sortent ? Pourquoi ai-je perdu mon travail alors que je mettais du cœur à la tâche ? Pourquoi y a-t-il tant d'injustices dans le monde ? Je veux comprendre. Je refuse d'admettre que ma souffrance n'a pas un sens intrinsèque.

Job, lui, refuse de s'enfermer dans le statut de victime, de chercher des justifications ou un sens transcendant à ce qui lui arrive. Il veut seulement être reconnu dans sa souffrance, seule forme d'apaisement face au malheur. « Écoutez, écoutez mes paroles, c'est ainsi que vous me consolerez », leur dit-il. Là réside toute la force de cette histoire.

Trouver un sens nous rassure de prime abord, nous donne l'impression d'avoir une clé de compréhension, une illusion d'ordre. Mais cela ne sert qu'à nous enfoncer dans la culpabilité. **Le « pourquoi » nous coupe des possibilités du « comment », nous enferme dans le problème au lieu de nous mettre sur la voie des solutions.** Comment retrousser mes manches ? Comment aider ? Autrement dit, comment devenir adulte ?

Ne pas se sentir coupable n'est pas nier toute responsabilité : bien sûr que dans certains cas, nous aurions pu mieux prévoir, mieux nous défendre, mieux examiner une situation. Néanmoins, la responsabilité n'est pas la culpabilité qui nous engloutit sous son poids avec un terrible sous-entendu : « Je l'ai bien mérité. » J'ai sans doute ma part de responsabilité, mais elle n'est que l'élément d'un faisceau beaucoup plus large que ma seule personne.

Le Livre de Job est celui de l'humilité profonde d'un homme dans le désespoir, qui ne perd pas son temps à chercher des explications à ses malheurs, à justifier, à se justifier ou, comme on le ferait aujourd'hui, à frapper à la porte des nouveaux gourous qui, usant de ressorts faciles, nous promettent de nous libérer du malheur et de la souffrance.

Job s'accorde le temps de traverser la douleur. C'est ensuite seulement que le mouvement de la vie commence à revenir en lui. Il rentre à nouveau dans l'action, redécouvre les possibles de toute existence.

De fait, nous n'avons pas le choix : dans la vie, parfois on perd ; on ne peut pas gagner à tous les coups. Bien plus tard, raconte encore la Bible, Job regagnera des richesses, aura d'autres enfants, sept fils et trois filles auxquelles il donnera une part de son héritage alors que ce n'est pas la coutume. Il mourra, dit la Bible, à 140 ans, arrière-arrière-grand-père, « âgé et rassasié de jours ».

Transformons notre rapport au sens de la vie. Non, tout n'a pas de sens. C'est une énigme insupportable, certes, mais telle est la dimension tragique de l'existence avec laquelle il nous faut faire la paix. C'est notre seule possibilité d'agir pour transformer ce monde à l'égard duquel nous avons une responsabilité.

24

Le vaillant petit tailleur

ou le secret de la confiance en soi

Le petit tailleur qui cousait de tout son cœur était toujours de bonne humeur. Il se réveillait le matin, enthousiaste à l'idée de se remettre à sa tâche. Mais un matin, tandis qu'il prenait son petit-déjeuner, des mouches se précipitèrent sur sa tartine de confiture. Excédé, il frappa dans le tas avec une serviette et en tua sept à la fois. Très fier de son exploit, il broda sur sa ceinture : « Sept d'un coup ».

Sa réussite était peut-être dérisoire, mais il tenait à l'afficher. En admirant sa ceinture, il se dit qu'il pourrait relever bien d'autres défis. Il décida aussitôt de partir éprouver sa vaillance à travers le monde. Avant de refermer la porte de sa maison, il glissa dans sa poche les deux choses qui étaient à portée de sa main : un fromage et un oiseau.

Ce sont souvent de petits détails qui nous touchent, nous engagent et nous mettent en mouvement : un récit, un témoignage, une rencontre, un rêve dont nous nous saisissons pour oser inventer notre vie. En tuant sept mouches d'un coup, le petit tailleur a pris confiance dans le fait qu'en plus de la couture, il était capable d'autres prouesses qu'il n'imaginait pas et il a cédé à son envie d'aller plus loin dans l'exploration de ce que pourrait devenir sa vie.

En cours de route, le petit tailleur croisa un géant. Ce dernier, regardant la ceinture, supposa que « Sept d'un coup » faisait référence à sept personnes – il ne pouvait pas imaginer qu'il s'agissait de sept mouches. Il ne se précipita pas sur le tailleur pour le dévorer mais, avec respect, il le mit à l'épreuve. La confiance en lui qu'avait affichée le tailleur en brodant sa ceinture portait déjà ses fruits !

Le géant prit une pierre et la serra si fort qu'il en jaillit de l'eau. Le tailleur sortit alors le fromage de sa poche et le pressa jusqu'à ce qu'il suinte. Impressionné, le géant ramassa une autre pierre et la lança très haut dans les airs. Le petit tailleur libéra alors l'oiseau qui était dans sa poche. Celui-ci s'envola… et ne revint jamais, contrairement à la pierre du géant qui finit par retomber.

Parce qu'il avait confiance en lui, le petit tailleur avait triomphé des épreuves. Nous imaginons que les personnes qui ont confiance en elles disposent au préalable de toutes les clés, de toutes les solutions aux problèmes qu'elles pourraient éventuellement rencontrer. En réalité, **la confiance en soi se bâtit quand on a conscience que l'on**

ne sait pas à l'avance, mais la conviction qu'en chemin, nous trouverons une solution en prenant appui sur les circonstances. Quand on sait tout, on n'a plus besoin d'avoir confiance.

Le petit tailleur poursuivit sa route au pays des géants en réussissant à toujours faire preuve d'inventivité là où d'autres auraient été tétanisés. Le récit de ses exploits parvint aux oreilles du roi qui le fit venir à ses côtés et lui confia la mission de combattre d'autres géants. Il lui promit, s'il réussissait, de lui offrir la moitié de son royaume et la main de sa fille.

Toujours enthousiaste, toujours confiant en lui, le tailleur trouva deux géants endormis au pied d'un arbre. Jamais à court de ressources ni d'imagination, il grimpa sur l'arbre et lança une pierre sur chacun d'entre eux. C'est le deuxième pilier de la confiance en soi : sortir du conformisme, du suivisme, cesser d'être un pion et devenir l'agent de son propre destin. Le petit tailleur aurait pu imiter les soldats du roi qui se battaient vainement contre les géants, voire les appeler à la rescousse avec leurs armes. Mais, une fois de plus, les géants auraient triomphé. Il a préféré sortir des sentiers battus. De fait, les pierres réveillèrent les géants et, ne trouvant personne autour d'eux, chacun crut que l'autre l'avait attaqué. Et les voilà qui commencèrent à s'entretuer !

Le petit tailleur devint roi sans connaître les codes de la cour. Il choisit, là aussi, de continuer à assumer sa singularité. Quand un soir, au lit, son épouse, la fille du roi, l'entendit parler dans son sommeil et comprit qu'il n'était qu'un petit tailleur, elle demanda à son père de la débarrasser de lui. Prévenu du complot, la nuit suivante, le petit tailleur fit semblant de dormir et parla, rappelant qu'en dépit de son statut, il avait accompli mille exploits et n'avait pas peur des soldats qui se préparaient à venir le prendre.

Il ne fut plus jamais ennuyé.

25

Le Petit Chaperon rouge

ou la rencontre de l'inconnu

Il était une fois une petite fille qui vivait avec sa mère à la lisière d'une forêt. Son bonnet rouge qui lui seyait si bien lui avait donné son surnom : le Petit Chaperon rouge.

Sa mère lui proposa un matin d'aller voir sa grand-mère, souffrante, et de lui porter des galettes qu'elle venait de cuire accompagnées d'un petit pot de beurre. Il lui fallait pour cela traverser seule la forêt. C'est un moment extraordinaire qui advient, je l'espère, au sein de toutes les familles, quand une mère autorise enfin sa fille, ses enfants, à aller dans le monde, à l'aventure de la vie !

Le Petit Chaperon rouge est tellement heureuse qu'elle ne perçoit pas le danger quand elle est abordée par le loup, c'est-à-dire par l'inconnu, l'autre, **l'altérité que l'on a toujours envie de rencontrer malgré la peur qu'elle nous inspire et à condition de dominer cette peur.** Ce double mouvement, de fascination et de crainte, se voit bien chez les enfants qui ont peur du loup mais redemandent des histoires de loups, y compris avant de s'endormir. Ils en sont passionnés. D'ailleurs, le Petit Chaperon rouge confie sa destination au loup, comme si elle lui donnait rendez-vous pour le revoir. Puis elle choisit le chemin le plus long jusqu'au village de sa grand-mère. De surcroît, elle prend le temps de l'explorer, de cueillir des fleurs, de courir après les papillons.

Le loup, lui, prend le chemin le plus court et se dépêche d'arriver chez la grand-mère, se jette sur elle, la dévore et s'installe dans son lit en attendant l'arrivée de la suite de son festin : la fillette.

Quand celle-ci arrive, elle se glisse dans le lit à côté de ce qu'elle croit être sa grand-mère, mais elle est étonnée des changements advenus dans son apparence. « Grand-mère, vous avez de grands bras ! — C'est pour mieux t'embrasser, mon enfant », répond le loup. « Vous avez de grandes oreilles ! — C'est pour mieux t'écouter mon enfant. — Vous avez de grands yeux ! — C'est pour mieux te voir, mon enfant. — Vous avez une grande bouche… »

Ici, les versions divergent.

Dans la version de Perrault, la plus moralisatrice, le loup dévore le Petit Chaperon rouge, en quelque sorte punie pour ne pas avoir respecté la loi des adultes.

Dans la version de Grimm, un chasseur arrive, tue le loup et libère de son ventre la grand-mère et la fillette qui n'avaient pas encore été digérées. C'est donc l'homme qui va sauver ces deux femmes étourdies.

Dans les versions orales qui leur sont antérieures, la fin de l'histoire est beaucoup plus surprenante. En effet, à un moment, le Petit Chaperon rouge flaire le danger et s'exclame : « Je veux faire pipi ! » Le loup lui propose de faire pipi au lit, elle est horrifiée et demande à sortir pour se soulager. Il accepte mais l'attache par une corde afin qu'elle ne s'enfuie pas. Maligne, le Petit Chaperon rouge dénoue la corde, l'attache à un arbre et s'enfuit en courant. Elle se libère donc seule, sans avoir besoin de l'intervention d'un homme, le chasseur.

Ce conte initiatique illustre le jeu passionnant de la vie face à l'inconnu. Cet inconnu qui nous inquiète, qui peut nous dévorer, mais qui en même temps nous fascine et que nous avons envie d'approcher pour le découvrir, avec un mélange d'intérêt et de crainte.

Le réel, c'est toujours l'inconnu. Chaque nouvelle situation que nous affrontons nous fascine et nous terrifie à la fois : un nouveau travail, un déménagement, cette soirée ou cette réunion où l'on ne connaît personne, cette prise de parole en public que l'on nous demande. **Nous ressentons un danger, mais peut-être qu'il n'y a pas de danger**, et c'est ce qui est jouissif dans la vie : nous adorons aller à la rencontre du loup, l'explorer, et si nous ne nous laissons pas tétaniser, nous saurons surmonter le danger s'il existe.

Cependant, soyons vigilants, comme le Petit Chaperon rouge. Allons à l'aventure, réjouissons-nous de cette aventure, explorons-la, mais sachons conserver la capacité de dire non quand cet inconnu, quand cette aventure menacent notre intégrité.

26

Jorrik et le trésor des trolls
ou les secrets oubliés de la volonté

Une famille de minuscules lutins avait pris ses quartiers dans une ferme de Suède. Ils y étaient les bienvenus, même s'ils passaient inaperçus : ils s'activaient surtout la nuit, quand le fermier et sa famille étaient endormis. Comme on le sait, la présence de lutins porte chance à la ferme qui les accueille et à ses habitants.

Jorrik, le plus jeune des lutins, qui n'avait même pas 100 ans, éprouvait une grande tendresse pour Margarett, la fille du fermier. À l'annonce du mariage de cette dernière, il voulut lui offrir un cadeau et eut une idée géniale : dérober un collier dans le trésor des trolls et le lui rapporter.

Était-il conscient du danger auquel il allait s'exposer ? Son père mit un veto à ce projet : les trolls, ces géants malveillants des montagnes, veillent jalousement sur leurs trésors, n'ouvrant les coffres que la nuit de Noël pour compter leurs richesses. « Celui qui a le courage de rentrer dans leurs cavernes ce soir-là peut se servir : ils sont trop occupés à compter. Mais je t'interdis d'y aller ! » lui dit-il d'un ton qui ne supportait pas la discussion.

Évidemment, Jorrik n'avait de cesse de penser à son projet. La nuit de Noël, quand tout le monde, même les lutins, partit se coucher, il sortit sans bruit, marcha dans la nuit froide, traversa la forêt, arriva devant la caverne des trolls et chercha longtemps une ouverture pour y pénétrer.

Jorrik est animé d'une volonté juste qui le pousse à s'engager dans ce qui lui semble important. **Cette volonté-là ne cherche pas à contrôler, à écraser. Au contraire, elle est ouverte, spontanée, portée par l'enthousiasme** et elle amène à grandir, à se dépasser.

Quand il accéda à la caverne, Jorrik vit deux trolls, très laids, dotés d'immenses nez et de grosses pattes poilues, tellement absorbés à compter leurs biens qu'ils ne remarquèrent pas sa présence. N'écoutant que son courage, il grimpa le long d'un coffre en s'accrochant aux clous, repéra un beau collier de perles et se laissa glisser à l'intérieur du coffre pour le récupérer. À cet instant précis, les trolls, qui venaient de terminer leur tâche, refermèrent le couvercle, emprisonnant le petit lutin.

Comment Jorrik allait-il s'en sortir ? La volonté ouverte et vivante n'est pas l'apanage de ceux qui sont forts. Elle est un chemin que l'on emprunte et tout au long duquel on devient plus fort en s'exerçant. Le petit lutin ne tenait absolument pas à se laisser mourir de soif et de faim dans ce coffre. Il eut une idée : il s'approcha de la serrure et se mit à couiner comme une souris.

Le troll souleva aussitôt le couvercle : une souris n'était pas un festin, mais c'était un en-cas appréciable. Il se saisit de Jorrik qui tenait fort le collier contre lui. Mû par sa volonté de ramener ce présent à Margarett, le lutin eut une nouvelle idée.

De fait, **la véritable volonté amène non seulement à défricher des chemins inédits mais, encore plus, à se créer soi-même, à advenir à soi** de manière toujours renouvelée et toujours en rapport avec le monde et avec la réalité. Nietzsche, le grand penseur de la volonté, distingue la « volonté puissante » qui crée, donne, déborde, et la « volonté faible », expression du ressentiment, figée dans le contrôle, qui nous enferme en nous-mêmes comme dans un tunnel et nous appauvrit, instrumentalisant le monde au lieu de l'épouser.

« Je ne suis pas une souris, je suis un lutin », cria Jorrik aux deux trolls. Et, en les fixant bien dans les yeux, il ajouta : « J'ai beaucoup marché et je suis tellement sale que vous ne pouvez pas me manger ainsi. »

Les trolls durent en convenir et ils l'emmenèrent à la rivière pour le laver. Là, profitant d'un moment d'inattention des géants, le lutin grimpa sur une cruche abandonnée qui, comme une barque, remonta le cours de l'eau pour le déposer non loin de la ferme où il habitait.

Le matin de son mariage, Margarett découvrit le collier sous son oreiller. Elle comprit d'où venait ce présent et, le soir même, elle déposa sur la table de la cuisine une belle part de gâteau pour les lutins.

Jorrik est le symbole de la volonté joyeuse que notre monde a oubliée. C'est un état d'esprit qui, pour chacun d'entre nous, signe le début d'une aventure avec la réalité qui l'entoure.

27

Thésée

ou l'art de sortir du labyrinthe des emmerdes

Thésée, fils d'Égée, le roi d'Athènes, a grandi loin de son père, auprès de sa mère. Enfant précoce, adolescent courageux, il réussit à défaire le redoutable taureau de Marathon. Cette victoire lui vaudra d'être accueilli à bras ouverts par son père, dans sa cité. Il lui propose même d'en partager le gouvernement.

Thésée découvre Athènes. Il découvre aussi le drame qu'elle vit tous les neuf ans quand, comme prix de sa défaite face à Minos, le roi de Crète, elle est contrainte de lui envoyer un contingent de sept jeunes filles et de sept jeunes hommes. Un sort redoutable leur est réservé : ils sont offerts au Minotaure, une créature effroyable, mi-homme mi-taureau, emprisonnée au fond d'un labyrinthe construit par l'architecte Dédale, doté de tellement de détours que nul n'a jamais réussi à en sortir vivant. Pas même le Minotaure.

Thésée décide de mettre fin à ce carnage. Pour cela, il ne voit pas d'autre solution que d'aller affronter le Minotaure, comme il avait affronté le taureau de Marathon. Il a un seul moyen d'accéder à cette créature : prendre la place de l'un des sept jeunes hommes qui se préparent à partir pour lui servir de festin. Ni les supplications de son père, ni ses promesses, ni même ses menaces ne réussissent à avoir raison de sa détermination.

Minos ricane en voyant débarquer ce prince qui prétend pouvoir tuer la bête et ressortir sain et sauf du labyrinthe. Tout à sa folie sanguinaire, il ne voit pas que sa fille Ariane a été subjuguée par Thésée. Ariane connaît la force de Thésée. Elle admire son courage et estime qu'il pourra venir à bout du Minotaure. Mais elle sait aussi qu'**il ne sortira pas sans aide du labyrinthe.** Malgré le risque d'être dénoncée à son père Minos, elle retrouve Thésée et lui confie une pelote de fil. Il en attachera une extrémité à un anneau accroché à l'entrée du labyrinthe, puis dévidera la pelote tout au long de son avancée. Une fois qu'il aura triomphé du Minotaure, il lui suffira de suivre le fil pour retrouver la sortie.

C'est un moment très fort du récit. Le labyrinthe est le symbole des emmerdes face auxquelles nous avons l'impression de tourner en rond, d'être perdus. Nous essayons de nous en sortir, mais nous ne faisons que nous engouffrer dans des impasses, nous heurter à des murs. Malgré tout notre courage, toute notre ténacité, nous ne trouvons aucune issue et avons l'impression que nous ne réussirons jamais. Nous nous sentons impuissants.

Ariane sait que s'il se perd dans le labyrinthe, cherchant enfin la sortie, Thésée ressentira ce sentiment d'impuissance. Car, face aux emmerdes, ni la vaillance ni la force ne suffisent si elles ne sont pas assises sur une intelligence fine, aussi fine qu'un fil de la pelote qu'elle lui confie. **Il ne s'agit pas de l'intelligence des savants, mais d'une capacité de savoir prévoir le coup d'après pour triompher du labyrinthe des emmerdes.**

À mon sens, la véritable héroïne de l'histoire est Ariane. Sans son aide, sans sa vision juste et surtout globale de la situation, Thésée aurait certes défait le Minotaure puisqu'il en a la force. Mais ni lui, ni les jeunes hommes et les jeunes filles qui l'accompagnaient, n'auraient réussi à sortir du labyrinthe.

Ariane est à la fois l'amour et l'intelligence. Elle a les pieds sur terre, mais elle est capable de prendre de la hauteur pour acquérir une vision aussi large que celle d'un aigle. Elle est la capacité à regarder au-delà de l'épreuve immédiate (tuer le Minotaure) pour la situer dans un contexte qui la dépasse (sortir du labyrinthe et regagner l'air libre).

Thésée tuera le Minotaure et sauvera Athènes de la malédiction qui l'écrasait. Il deviendra le roi de la cité après la mort de son père et restera dans les annales comme un grand réformateur. Quant à Ariane, la suite du récit est beaucoup plus triste pour elle : elle fut abandonnée sur une île déserte. Mais ceci est une autre histoire…

28

Les six cygnes

ou le secret de l'attention

Il était une fois un roi qui avait six fils, tous princes, et une fille, une princesse. Son épouse la reine était morte, et il choyait d'autant plus ses enfants qui ne manquaient jamais de rien.

Un jour, alors qu'il chassait dans la forêt, le roi s'égara. Une sorcière vint à lui et lui proposa un marché : elle lui indiquerait comment sortir de la forêt si, en retour, il épousait sa fille. Le roi accepta.

Néanmoins méfiant, il mit ses enfants à l'abri, dans un château perdu au milieu des bois. De fait, leur belle-mère avait décidé de se débarrasser d'eux. Découvrant le subterfuge, elle cousit six chemises magiques, se rendit dans ce château et les jeta sur les princes. Aussitôt, ils se transformèrent en six magnifiques cygnes qui, la nuit et seulement la nuit, reprenaient leur apparence humaine.

La princesse était accablée de tristesse quand une bonne fée lui apparut en rêve : « Tes frères, lui dit-elle, peuvent être sauvés, mais auras-tu assez de courage et de patience ? Il te faudra cueillir des orties qui brûlent les mains, les tisser et fabriquer six chemises dont tu revêtiras tes frères afin de les libérer. Tant que tu n'auras pas terminé ta tâche, tu n'auras pas le droit de prononcer un seul mot, au risque de les tuer. »

À son réveil, la princesse courut ramasser des orties. Dès lors, elle passa ses jours et ses nuits à travailler. Absorbée par sa tâche, elle ne sentait plus ses mains qui la brûlaient et ne voyait même pas le temps passer. Une seule chose comptait : sauver ses frères. Elle s'y consacrait avec abnégation, sans jamais soupirer ni se plaindre sur son sort.

Tel est le secret de l'attention. Dans notre vie, **fascinés par l'action, nous nous répandons en activités désordonnées qui nous donnent l'impression d'agir mais ne débouchent souvent sur rien.** Elles nous font surtout passer à côté de la force de l'attention qui consiste à se donner entièrement à ce que l'on fait. Ce n'est jamais en vain : « Quand on ne ferait comme méditation que suivre pendant une minute l'aiguille des secondes sur le cadran d'une montre, et ayant pour objet l'aiguille et rien d'autre, on n'aurait pas perdu son temps », écrit la philosophe Simone Weil. Car on aurait appris à être attentif en sortant du désordre. Tout enseignant le sait : une fois qu'il ou elle a appris à ses élèves à être attentifs, la bataille est gagnée…

La princesse travaillait ainsi depuis des mois quand, un jour, le roi du pays la surprit. Ébloui par sa beauté, il l'emporta sur le dos de son cheval pour l'épouser. Afin qu'elle ne soit pas trop désorientée, il fit également amener ses meubles, ses objets et même le tas d'orties et les chemises déjà tissées.

La beauté de la princesse associée à son silence effrayait. À la cour du roi, on la soupçonna d'être une sorcière. D'ailleurs, qui à part une sorcière triturerait à longueur de nuit des orties qui brûlent les mains ? La rumeur enflait et la princesse, qui n'était pas sourde à ce qui se tramait, ne pouvait pas se défendre. Malgré les calomnies, malgré les soupçons, elle continuait de se plier au silence et de se lever chaque nuit pour atteindre son objectif : tisser six chemises pour ses six frères.

La princesse est dans l'attitude de l'étudiant ou de l'étudiante qui prépare ses examens ou ses concours et sacrifie pour cela les sorties, les divertissements, les amusements. Ou dans celle des parents qui se sacrifient pour élever leurs enfants. **Il n'y a pas d'accablement dans ces sacrifices, mais un engagement qui pousse à tenir dans ce qui nous dépasse,** « une forme de grâce qui éclaire la pesanteur », pour reprendre l'expression de la philosophe Simone Weil. Ils engendrent une transformation de soi dans le sens de la grandeur, de la dignité, d'une beauté profonde.

Néanmoins, le roi finit par céder aux pressions : la princesse, qui ne se défendait toujours pas, comparut en procès et fut condamnée à être brûlée vive. Que fit-elle sur la charrette la conduisant au bûcher : elle continua de tisser la dernière chemise. Elle se préparait à descendre de la charrette quand six cygnes se posèrent à ses côtés. Aussitôt, elle les recouvrit des chemises et les cygnes se transformèrent en princes. Un seul, le sixième, conserva une aile à la place d'un bras : malgré son assiduité, la princesse n'avait pas achevé sa chemise.

Mais elle avait néanmoins réussi à vaincre le mal. Chacun d'entre nous, dans chacune de ses tâches effectuées avec attention, ôte, lui aussi, une part du mal dans le monde : l'enseignant qui s'engage de tout son cœur auprès de ses élèves, l'infirmier, le boulanger qui réussit un bon pain... La dernière manche de la dernière chemise restera peut-être inachevée, mais c'est normal : la perfection n'est pas de ce monde.

Sauvée de son vœu de silence, la princesse tomba dans les bras de ses frères, puis se tourna vers le roi qu'elle aimait et qui l'aimait : « Je suis innocente. »

Le retour au château fut un cortège comme aucun roi n'en avait jamais vu.

29

Ce que le vieux fait est toujours bien fait

ou le secret de la sagesse

L'idée évangélique selon laquelle « tu ne jugeras point » peut sembler naïve, déconnectée, hors sol, surtout quand elle paraît s'appuyer sur la conviction que l'amour triomphe du jugement. Mais quand on la creuse, on comprend qu'elle repose en réalité sur la notion de relativité des points de vue. Elle ôte ainsi le poids du jugement qui nous empêche de prendre les choses comme elles viennent et nous coupe de la gaîté.

Il était une fois un paysan et sa femme. Ils étaient très pauvres, ne possédaient rien hormis un cheval que le vieux montait de temps en temps. D'un commun accord, ils décidèrent de l'échanger contre un bien plus utile. Mais quel bien ? Ils n'en avaient pas la moindre idée. La vieille conseilla à son mari de se rendre à la foire qui se tenait à la ville et d'aviser sur place : « Fais pour le mieux. Ce que tu feras sera bien fait. »

La valeur d'échange matériel régit toutes les sociétés humaines depuis qu'elles existent, elle n'est pas unique : il existe aussi les valeurs de l'amour, de la confiance, de la paix qui sont tout aussi importantes pour la bonne marche d'une société, d'une relation, d'une vie. Or, un lien d'amour profond était le ciment du bonheur de ce couple, le socle de son histoire.

Le vieux prit son cheval et partit, fort de la confiance de son épouse qui l'embrassa et lui épousseta le chapeau avec tendresse.

Il n'avait pas franchi un kilomètre qu'il rencontra un homme avec une vache. Il pensa au bon lait que celle-ci donnerait à la vieille, et il proposa de l'échanger contre le cheval. « Avec plaisir », lui dit l'homme.

Un peu plus loin, un gars tenait un mouton bien gras au bout d'une corde. Pensant encore une fois aux bénéfices qu'il procurerait à son épouse, le vieux proposa de l'échanger contre sa vache, et il s'en repartit avec le mouton jusqu'à ce qu'il croise un troisième homme portant une belle oie sous le bras. Que de fois sa femme lui avait dit qu'elle voudrait une oie pour la nourrir de leurs restes ! Il échangea donc son mouton contre l'oie, de plus en plus heureux à l'idée du bonheur qu'il allait procurer à la vieille.

Aux abords de la ville, c'est une poule qui attira son attention. Une très belle poule, plus belle que celle du pharmacien ! Il l'échangea contre son oie et rentra dans l'auberge se reposer un peu avant de prendre le chemin du retour.

Il mangeait un bout de pain quand un garçon entra, un sac de pommes sur le dos. « Des pommes gâtées pour les cochons », lui dit le garçon, mais les yeux du vieux brillèrent à nouveau : l'année précédente, son pommier n'avait donné qu'une seule pomme qui avait pourri sur la commode, sous le regard de la vieille pour qui cette pomme restait tout de même la preuve qu'ils possédaient un pommier. Il échangea sa poule contre ce sac en imaginant le bonheur de sa femme.

Il y avait beaucoup de monde dans l'auberge, dont deux Anglais, de riches commerçants qui avaient assisté à la scène. Ils se rapprochèrent du vieux qui leur raconta son histoire. « Tu vas être battu à ton retour », lui dirent-ils. Le paysan les regarda droit dans les yeux : « Non, j'aurai un baiser et ma femme dira : "Ce que le vieux fait est toujours bien fait." »

« Nous parions un boisseau d'or que ce ne sera pas le cas », répondirent les deux Anglais avant de lui proposer de le reconduire chez lui pour gagner le pari.

Les voici arrivés.

« Dieu soit loué, l'échange est fait ! » s'écria la vieille en voyant son époux avec le sac de pommes. Le vieux lui raconta ses aventures par le menu. À chaque épisode, la vieille, se réjouissant de l'échange, s'exclamait : « Ah, tu t'y entends le vieux ! Tu penses à tout ! » Quand il arriva au dernier troc, celui de la poule échangée contre un sac de pommes pourries, elle lui sauta au cou : « Il faut que je t'embrasse ! »

Les deux Anglais, stupéfaits, lui remirent le boisseau d'or dont ils étaient convenus.

Ce conte nous apprend **l'art d'effectuer un pas de côté pour observer la vie et apprendre à se satisfaire et même à se réjouir, moment après moment, de chaque rencontre, de ce qui vient et qui forge, au fond, le vrai bonheur de toute existence.** Il grossit le trait, ceci est le propre des contes et des mythes, pour nous rappeler la nécessité de sortir de l'obsession du calcul, du gain, de la plainte, afin de réussir à nous ouvrir à la possibilité de la joie.

Il a une belle fin ! La fin que procure la sagesse. Le vieux et la vieille ont en effet gagné bien plus que ce qu'ils auraient pu imaginer dans leurs rêves les plus fous. Mais ils ont toujours possédé la vraie richesse : la capacité d'être heureux avec ce que l'on a.

Effectuons le pas de côté. Observons notre vie avec un peu de recul. Chaque jour, nous avons mille raisons de la trouver merveilleuse…

30

Les habits neufs de l'empereur

ou le courage de la lucidité

Il y a très longtemps vivait un empereur qui aimait par-dessus tout les beaux habits neufs. Il y mettait tout son argent, ne s'intéressait ni à son peuple, ni à son armée, ni à la musique. Il passait ses journées dans sa garde-robe, puis sortait parader.

Un jour, deux tisserands arrivèrent dans le royaume. Ils prétendaient savoir tisser la plus belle étoffe du monde, qui était en plus dotée d'un pouvoir : elle était invisible pour les sots et pour les personnes incapables dans leur fonction. L'empereur manda les deux hommes, s'extasia devant leurs promesses et leur versa une grosse somme d'argent pour qu'ils se mettent tout de suite à l'ouvrage. Tous les habitants furent tenus au courant du prodige – et ils étaient tous impatients de voir cette étoffe, mais surtout de savoir si leurs voisins ou leurs amis la verraient aussi.

Deux métiers à tisser furent installés dans une grande salle et les tisserands se mirent à l'ouvrage.

Tous les jours, ils réclamaient des monceaux de fils d'or et de soie, qui leur étaient livrés ; ils travaillaient, travaillaient, mais il n'y avait aucun fil sur le métier. En revanche, les commandes gonflaient leurs sacs.

Quelque temps plus tard, le roi, curieux de savoir où ils en étaient, leur envoya son vieux et honnête ministre, un homme intelligent qui remplissait bien ses fonctions et qui saurait donc à coup sûr voir l'étoffe. La vérité est que le ministre… ne vit rien. Mais il se garda bien de le dire et répondit avec enthousiasme aux tisserands qui lui demandaient son avis quant aux motifs et aux couleurs de leur tissu.

La lucidité du ministre s'est en effet effacée devant la peur sociale d'apparaître comme un sot. Soyons honnêtes : c'est une situation fréquente. Que de fois, pour mille raisons fallacieuses, nous n'osons pas exprimer notre désaccord, remettre en question un consensus, et préférons rentrer sagement dans le rang pour être bien vus par les autres, pour ne pas être exclus. **Même si cela nous heurte, touche nos valeurs, nous préférons taire la parole de vérité qui fait effraction.** Il est vrai que ceux qui ne se taisent pas en payent parfois le prix. C'est ce qui est advenu à beaucoup de grands savants que l'on a pris pour des idiots puis pour des criminels quand ils ont clamé que la Terre est ronde, qu'elle tourne autour du Soleil, qu'il existe des bactéries invisibles à l'œil nu, et la liste est très,

très longue. Je nous y englobe tous, nous qui, à notre niveau, nous extasions parfois devant un objet, un dossier, une idée qui pourtant, nous le savons, ne valent pas grand-chose.

Trois jours plus tard, l'empereur envoya auprès des tisserands un autre fonctionnaire important. Il lui arriva la même chose qu'au ministre : il ne voyait rien, à part deux métiers à tisser vides. « Je ne suis pas sot, pensa-t-il, c'est donc que je ne conviens pas à ma haute fonction. Il ne faut pas que cela se sache. » Et, comme le ministre avant lui, il s'extasia de la beauté du tissu sans avoir le courage d'arrêter la mascarade.

Dans le conte, les deux tisserands sont présentés comme deux escrocs. Je les tiens personnellement pour deux sages qui sont là pour révéler le manque de lucidité du roi, son aveuglement à tout ce qui n'est pas ses vêtements, c'est-à-dire à l'image qu'il veut donner de lui-même.

D'autres visiteurs défilèrent à leur tour. Il était trop tard pour arrêter la machine : ils s'empressaient ensuite d'aller chez l'empereur pour lui décrire la magnificence de ce qu'ils avaient « vu ». Quant à l'empereur, il était de plus en plus impatient de revêtir ses nouveaux habits.

Il se rendit en personne, entouré de sa suite, auprès des deux compères, afin de les hâter. Comme ceux qui les avaient précédés, n'osant pas dire qu'il n'y avait rien, ils multiplièrent les compliments. C'est ce que Bernanos appelait « la conjuration des imbéciles ». **Ne pas se laisser avoir par l'imbécillité quand elle règne demande du courage…**

Vint le jour d'étrenner l'étoffe. L'empereur se laissa habiller devant sa cour : le pantalon, la chemise, le manteau. « C'est léger comme une toile d'araignée. On croirait n'avoir rien sur le corps, et c'est là un autre avantage de l'étoffe », expliquèrent les deux tisserands. « Oui, oui », dirent les courtisans. Mais ils ne voyaient rien, puisqu'il n'y avait rien. Les chambellans qui devaient porter la traîne firent semblant de la soulever, et c'est ainsi que s'ébranla la procession royale devant le peuple rassemblé.

Personne ne voulant avouer qu'il ne voyait rien, jamais un habit neuf de l'empereur ne connut un tel succès. Jusqu'à ce qu'un enfant dans la foule s'écrie : « Mais il n'a pas d'habit du tout ! » Et chacun de chuchoter à son voisin « le roi est nu ». Jusqu'à ce que ces chuchotements s'amplifient et se transforment en clameur.

C'est le cri qui dénonce l'imposture, dégonfle la baudruche, fait tomber les masques et dévoile l'évidence. Le cri d'un enfant qui n'a rien à perdre, aucun statut social à préserver. Nous en sommes tous capables. D'ailleurs, qu'avons-nous à y perdre ? Notre peur d'être rejetés est en réalité plus intense que le risque réel que nous prenons. Nous perdons tellement d'intelligence, de force et de créativité en n'osant pas dire « le roi est nu » !

31

Sindbad le marin
ou l'art de la sagesse

À l'époque de Haroun al-Rachid, le calife de Bagdad, vivait un pauvre livreur du nom de Hindbad. Un jour, fatigué de la vie, il se posa en face d'une riche demeure. Recroquevillé sur sa colère et sa rancœur, il commença à se plaindre à voix haute de son malheureux sort. Il ne comprenait pas pourquoi Allah accordait tant de richesses aux uns, tant de misère aux autres.

Il se préparait à repartir quand le propriétaire des lieux, Sindbad le marin, qui l'avait entendu, envoya l'un de ses serviteurs le convier chez lui. « Je t'ai entendu te plaindre », dit-il à Hindbad, et il lui proposa un marché : pendant sept jours, le porteur viendrait chez lui pour qu'il lui raconte les sept voyages dont il avait tiré sa fortune et, en échange de son écoute, il serait largement rémunéré.

D'emblée, Sindbad le marin prévint Hindbad le porteur : « Il faut d'abord que je te tire d'une erreur. Tu imagines sans doute que j'ai acquis tous les biens et le repos dont je jouis sans peine et sans travail. Détrompe-toi ! Je ne suis parvenu à cet état de bonheur qu'après avoir souffert et enduré pendant plusieurs années tous les travaux du corps et de l'esprit que l'imagination peut concevoir. »

Et il se lança dans le récit de ses aventures, décrivant par le menu les énormes baleines, les oiseaux géants, le féroce cyclope, les monstres anthropophages qui embrochent les humains, les créatures qui le chevauchèrent comme s'il était un cheval, les redoutables pirates, l'île sinistre dont il ne réussit à s'enfuir qu'en traversant une rivière encore plus sinistre. Il racontait des dangers que l'on dirait directement issus de cauchemars, des situations abracadabrantes dont il ne se sortit qu'en combattant ses ennemis avec courage, en utilisant son intelligence et en mettant en œuvre des ruses.

En réalité, Sindbad était en train de raconter à Hindbad pourquoi on est sur Terre, comment on part à l'aventure de sa propre vie, pourquoi on en revient transformé et ce que l'on peut devenir à condition de s'en donner les moyens. Il lui disait que **le riche, c'est-à-dire le sage, n'est pas un être qui n'a jamais souffert mais, au contraire, celui qui a accepté de rentrer dans le mouvement de la vie pour y gagner en richesses, donc en sagesse.**

Car les richesses matérielles de Sindbad, abondamment décrites dans ce conte des *Mille et Une*

Nuits, ne sont qu'une métaphore de la richesse spirituelle que procure l'expérience de la vie. Elle ne peut advenir puis s'accumuler en dehors des épreuves, des risques, des aventures. Autrement dit, on ne peut pas devenir sage sans avoir traversé les mers et affronté les monstres, petits ou grands, c'est-à-dire les emmerdes, les ennuis, les problèmes, tout ce qui fait une vie, et en avoir triomphé.

Cette expérience-là, et Hindbad le comprendra vite, ne s'acquiert pas en demeurant assis à gémir et à se plaindre, mais en y allant, en fonçant, en se réveillant. Car **la plainte n'aide pas à grandir**. Hindbad s'en doute, lui qui est resté des années à porter son fardeau et à le maudire, sans jamais chercher réellement une issue, consacrant son temps à ruminer une colère improductive plutôt qu'à chercher une voie d'espérance.

Jour après jour, Sindbad le marin va ainsi aider Hindbad à prendre l'initiative de poser son fardeau pour devenir le porteur de lui-même. Sans doute que ces deux personnages n'en forment qu'un seul – d'ailleurs, une seule lettre différencie leurs prénoms. Ils sont les deux visages que possède chacun d'entre nous et qui se révèlent parfois tour à tour au cours d'une même journée. Le premier se libère pour partir à l'aventure de ses peurs, de ses angoisses, de son imaginaire, de ce qui nous habite au plus profond de nous-mêmes. Le second s'attache à porter les fardeaux du quotidien, chaque journée ressemblant à celle qui l'a précédée et à celle qui la suivra.

N'enchaînons pas Sindbad. Laissons-le voguer, y compris parmi les ennuis. Ses voyages vont nous nourrir, nous construire, nous déplacer, nous sortir de nous-mêmes pour faire grandir le sage que nous abritons.

Devenons riches.

32

La Belle et la Bête

ou la force de la volonté

Il était une fois un marchand très riche qui avait six enfants, trois garçons et trois filles. La petite dernière était si belle et si intelligente qu'elle avait été surnommée la Belle. Ses sœurs en étaient jalouses. Elles passaient leurs journées à s'occuper de vanités. La Belle, elle, n'aimait rien autant que la lecture.

Mais un jour, le marchand fut ruiné. Il ne lui restait qu'une petite maison de campagne où ils s'installèrent, et un lopin de terre à cultiver. Ses deux filles aînées s'ennuyaient et se lamentaient. La Belle, qui n'avait jamais dépendu du regard des autres, s'adapta très vite à la nouvelle situation : elle se réveillait tôt, nettoyait la maison, préparait le repas puis prenait un livre. Plutôt que d'être dans la plainte, elle activait ses ressources pour tirer parti de leur nouvelle réalité.

Une année s'écoula quand le marchand apprit le retour inespéré de l'un de ses navires de marchandises. En allant les récupérer, il demanda à ses filles ce qu'elles voulaient. Les deux aînées lui dressèrent une longue liste de vêtements, espérant retrouver leur vie passée. La Belle, clairvoyante et comprenant que l'argent des marchandises n'y suffirait pas, demanda une rose car il n'en poussait pas ici.

De fait, le marchand eut des déconvenues : il revint aussi pauvre qu'il était parti. Sur le chemin du retour, il fut pris dans une tempête, vit au loin une lumière, s'en approcha. C'était un immense palais. Il appela, personne ne répondit. Il entra et se retrouva devant une somptueuse table, dressée, avec une seule assiette. Affamé, il se servit puis s'endormit. Le lendemain, en repartant, il vit un rosier dans le jardin et cueillit une fleur pour la Belle. C'est alors qu'une horrible bête fonça sur lui : « Je vous ai sauvé la vie et vous me volez une rose ! Vous mourrez en guise de punition ! »

Le marchand se jeta à genoux, implora la Bête qui accepta de le laisser repartir si, en échange, l'une de ses filles venait mourir à sa place. Le malheureux rentra chez lui dans l'intention d'embrasser les siens une dernière fois avant de se soumettre à son funeste sort.

Bouleversée à l'écoute de ce récit, la Belle décida de se livrer au monstre et, malgré la tristesse de son père, elle prit la route du palais. La même table l'attendait. Après son souper, la Bête apparut dans un bruit terrible et lui posa une seule question : « Est-ce de bon cœur que vous êtes venue ? » La Belle lui dit oui en tremblant et la créature se retira.

La Belle savait qu'elle était venue pour mourir. Mais elle s'interrogeait sur cette bibliothèque déposée dans sa chambre : « On ne veut pas que je m'ennuie », se dit-elle, et cette pensée la rassura. Elle fut également surprise par un miroir magique dans lequel se reflétait sa maison ainsi que son père qu'elle vit accablé de tristesse.

À l'heure du dîner, la Bête vint la rejoindre. « Voulez-vous bien que je vous regarde souper ? » La Belle baissa la tête : « Vous êtes le maître ici. — Non, vous êtes la seule maîtresse. Me trouvez-vous laid ? lui dit la Bête. — C'est vrai, affirma la Belle, car je ne sais pas mentir. Mais je crois que vous êtes bon. »

Jour après un jour, un lien se tissa entre ces deux êtres, jusqu'au jour où la Bête demanda à la Belle : « Voulez-vous être ma femme ? » Elle prit quelques minutes avant de lui livrer sa réponse : « Non. »

Le sujet de ce conte est le consentement. La Bête ne peut être délivrée que si la Belle consent librement à l'aimer. Et une fois de plus, et malgré les risques, la Belle choisit de s'écouter elle-même, de faire ce qu'elle sent. Car, **pour pouvoir consentir, dire un oui éclairé ou un non éclairé, il importe de savoir d'abord ce que l'on veut.**

Trois mois passèrent. Tous les soirs, à l'heure du dîner, la Bête rendait visite à la Belle qui lui découvrait chaque jour de nouvelles qualités. Mais chaque soir, la Bête demandait à nouveau sa main à la Belle qui refusait.

À travers le miroir magique, la Belle voyait son père dépérir. Un soir, elle osa demander à la Bête l'autorisation de le revoir. La Bête consentit, la prévenant qu'en attendant son retour, elle se laisserait mourir de chagrin.

Qu'il est faible ici, le pôle masculin ! La puissance est d'emblée chez la Belle. Voilà une femme qui ose, depuis toujours, aller à contre-courant des règles de son milieu pour affirmer ce qu'elle veut être. Sa force réside dans le fait qu'elle n'est pas dépendante de l'extérieur, du regard d'autrui, du qu'en-dira-t-on. Elle préfère la lecture aux vanités, elle ne se laisse pas perdre dans la plainte mais affronte ce qui est, comme c'est, et elle sait s'en réjouir, en tout cas en tirer le meilleur parti. **Elle sait aussi se préserver en posant des limites que les autres ne franchiront pas.** En disant oui à la vie, elle est capable de dire non aux importuns et elle cesse d'être l'otage de la vie.

La Belle et la Bête est, au fond, l'histoire de l'apprentissage de l'autonomie. La Belle prend les choses en main et impose sa volonté pour construire sa vie. C'est une femme puissante, agissante, parce que cette volonté-là n'est pas agressive, aveugle mais, au contraire, à l'écoute du réel, respectueuse des autres et de soi. La Belle est libre parce qu'elle sait profondément ce qu'elle veut, c'est-à-dire ce qui est juste pour elle et pour les autres.

La Belle retourne en effet voir son père avant de revenir, fidèle à sa promesse, chez la Bête qui se languit. Et, comme dans les contes de fées, aussitôt qu'elle consentit à épouser la Bête, celle-ci se transforma en beau prince et ils vécurent heureux.

33
Écho
ou l'urgence de dire « je »

Héra, la femme de Zeus, le roi des dieux dans la mythologie grecque, était jalouse à juste titre : son divin époux était particulièrement volage. C'est du moins ce que raconte Ovide qui, dans ses *Métamorphoses*, rédigées au tournant de notre ère, dédie plusieurs pages à cet épisode.

Pour mieux tromper Héra, Zeus avait trouvé une alliée : Écho, la jolie nymphe des montagnes, une bavarde invétérée qui passait son temps à parler à tort et à travers et qui distrayait son épouse tandis qu'il allait rencontrer d'autres nymphes. Quand Héra comprit le rôle joué par Écho, elle lui infligea une terrible punition : « Tu ne feras plus de ta voix qu'un très bref usage », lui dit-elle. De ce jour, la nymphe trop bavarde perdit la parole et fut condamnée à pouvoir uniquement répéter les derniers mots qu'elle venait d'entendre. Elle est rentrée dans la postérité sous le nom commun d'écho qui désigne la répétition.

Écho fut en quelque sorte condamnée à être de manière encore plus radicale ce qu'elle avait toujours été : une personne noyée dans le verbiage et incapable de dire « je », c'est-à-dire d'assumer une parole vraie, authentique, qui vient de soi.

Un jour, dans la forêt, Écho aperçut Narcisse chassant le daim avec ses compagnons. Elle fut subjuguée par sa beauté, le suivit de loin, le vit s'éloigner des autres chasseurs et se perdre. Ils n'étaient plus que tous les deux ! Il appela à l'aide : « Y a-t-il quelqu'un ? — Quelqu'un… » répondit Écho en écho. Narcisse appela encore : « Viens vers moi ! — Moi, moi, moi…, dit Écho. — Rejoignons-nous ! » lança enfin Narcisse. Écho sortit de sa cachette et, le prenant au mot, se précipita vers lui et se saisit de lui. Narcisse la repoussa. Écho s'éloigna en pleurant.

Narcisse a compris d'emblée qu'Écho n'est pas là pour le rencontrer, mais pour le posséder. Il a vu en elle l'absence de « je », d'authenticité. **Dire « je », c'est parler en son nom propre, c'est ouvrir l'espace pour que l'autre te dise « je » à son tour et que se produise la rencontre**. Quand on ne sait pas dire « je » et que l'on ne reconnaît pas le « je » de l'autre, il n'y a pas de jeu dans la relation. Il n'y a pas de relation.

Dans notre monde, nous pensons que le « je » est forcément égocentrique. Or, le « je » égocentrique n'est pas un « je ». Il est un faux « je », il ne vient pas des profondeurs qui nous habitent pour exprimer quelque chose de juste. Quand on touche sa propre profondeur, on ne peut pas ne pas s'intéresser à la profondeur de l'autre.

Pour qu'il y ait altérité, il est nécessaire qu'il y ait deux personnes qui soient vraiment elles-mêmes. Je n'appelle pas « être soi-même » ceux et celles qui emploient leur vie à s'effacer, à se sacrifier, à se fondre dans les envies et les désirs de l'autre et à les faire leur. Qui ne se donnent pas le droit d'être. Cela vaut au sein d'un couple, mais aussi entre collègues, entre amis.

Tel est le drame d'Écho : faute de « je », elle empêche la relation de s'établir, de s'épanouir. Elle ne fait que répéter, sans jamais pouvoir ou oser dire ce qui l'habite. **Dans la vie, il ne suffit pas d'être « altruiste » ; il importe aussi de savoir être soi-même.**

La fin de ce mythe est triste. Quand Narcisse découvre qui il est vraiment, il se métamorphose en cette fleur qui porte son nom, la première fleur du printemps. Écho le veille en pleurant, puis elle est prise de langueur : elle se transforme en pierre, symbole de ce qui en elle était figé.

Sans « je », on se dessèche…

34

Les trois langages

ou ce qu'il faut savoir

Un comte assez âgé vivait en Suisse. Il avait un fils unique et ce dernier le désespérait. Il ne rentrait pas dans le rang, ne savait rien apprendre de ce que son père estimait important : le droit, les finances, toutes ces choses que les parents souhaitent pour leurs enfants parce qu'elles les rassurent et, il faut l'admettre, parce qu'elles leur paraissent prestigieuses vis-à-vis de leur entourage social.

En dernier recours, le comte confia son fils à un maître réputé en espérant qu'il ferait quelque chose de lui. Le fils étudia pendant un an aux côtés de ce maître. Mais à son retour après cette longue absence, son père fut horrifié de l'entendre lui annoncer : « J'ai appris ce que disent les chiens quand ils aboient. »

C'est exactement la situation que nombre d'entre nous, ou alors nos enfants, traversent quand ils sortent de la voie tracée par la société et décident d'en suivre une autre qui semble aussi ridicule qu'apprendre à écouter les chiens. Mais qui est en fait fondamentale. Le fils du comte a-t-il « perdu » une année selon l'expression usitée, comme si une année pouvait se « perdre » ? Je pense qu'en apprenant les aboiements, il a, au contraire, beaucoup gagné. Il a appris à entendre l'agressivité, la peur, la violence, la colère, le ressentiment et à découvrir ce qui se cache derrière eux. Il a appris, au fond, à surmonter ses propres peurs et ses angoisses pour y trouver le trésor caché.

Le comte ne baisse pas les bras. Il renvoie son fils pour une deuxième année d'études auprès d'un autre maître. Le jeune homme en revient en lui annonçant qu'il a appris ce que disent les oiseaux. Il a en fait appris la parole du rêve, de l'intuition, le langage spirituel…

Furieux, le père renvoie son fils chez un troisième maître, mais il le met en garde : « Si cette fois tu n'y apprends rien, je ne veux plus être ton père. » Quand l'année s'acheva, le fils rentra et annonça qu'il avait appris ce que coassent les grenouilles. C'est-à-dire le lien profond qui nous unit à la nature, à la terre, au monde, au rythme de ce monde. Rien de conventionnel, donc.

Le comte entra dans une telle fureur qu'il chassa son fils. Ce dernier partit sur les routes et atteignit une ville où des chiens sauvages aboyaient en permanence et avec férocité, empêchant les habitants de dormir. Comme il comprenait le langage des chiens, il put discuter avec ces derniers qui lui expliquèrent les raisons de leur colère et ce qu'il leur manquait pour se calmer. Dès qu'il eut fait le nécessaire, les chiens quittèrent le pays. Le jeune homme avait apaisé leur violence en décryptant ce qu'elle cachait. Grâce à son savoir, c'est toute la ville qu'il avait apaisée.

Et il poursuivit son chemin : il avait décidé de se rendre à Rome. Il marchait quand des grenouilles l'interpellèrent. Par leurs coassements, qu'il comprenait, elles lui révélèrent qu'il avait sa place dans le monde. Pour la trouver, lui dirent-elles, il lui suffirait d'écouter sa voix intérieure et de ne pas se décourager.

Le jeune homme arriva à Rome quelques jours après la mort du pape. La ville était en grand désarroi. Les cardinaux, qui ne parvenaient pas à se mettre d'accord sur le nom de son successeur, venaient de décider que celui-ci ne serait pas élu en conclave mais désigné par un signe miraculeux. C'est à ce moment précis que deux colombes blanches vinrent se poser sur l'épaule de notre héros qui connaissait leur langage. Les cardinaux vinrent aussitôt vers lui pour lui proposer d'être pape. Il hésita, mais les colombes lui soufflèrent à l'oreille d'accepter. Tout comme elles lui soufflèrent ensuite comment chanter la messe, comment parler aux fidèles attroupés place Saint-Pierre et, de manière plus générale, comment habiter ce nouveau rôle pour lequel il avait été choisi et qui ne se révéla pas trop grand pour lui.

Nous sommes souvent hésitants face à une promotion, face à de nouvelles responsabilités qui nous sont proposées. Nous ne nous en sentons pas dignes ou capables. Pourtant, **nous avons des forces, des compétences, une vraie sagesse qui sont en nous, que nous avons acquises au fil du temps, de la vie, qui nous habitent presque malgré nous, qui ne demandent qu'à se manifester mais que nous ne savons pas écouter** comme le jeune homme écouta les colombes.

Tendons l'oreille. Ces savoirs-là nous parlent. Que de fois, en les entendant, nous sommes les premiers surpris de leur existence !

35

Maître Banzo

ou comment apprendre sans se prendre la tête

Cette histoire vraie se déroule au Japon, au XVIIe siècle de notre ère. Son héros, Matajuro Yagyu, était le fils d'un célèbre maître d'escrime. Mais il ne semblait pas doué pour cet art, au grand désespoir de son père qui, las de lui enseigner vainement à manier l'arme, l'envoya se former auprès du fameux maître de sabre, Banzo.

Après l'avoir mis à l'épreuve, ce dernier confirma le jugement du père de Matajuro : « Tu ne seras jamais un grand maître d'armes. » Le jeune homme n'était pas prêt à entendre cette phrase. Il reformula sa question : « Et si je suis prêt à travailler dur, combien de temps me faudra-t-il ? — Jusqu'à la fin de tes jours », répondit le maître.

Matajuro ne se laissa pas démonter : il n'était pas prêt à attendre aussi longtemps. Il prit la question par un autre biais : « Si je deviens ton serviteur dévoué, combien de temps me faudra-t-il ? » Maître Banzo lui répondit à contrecœur : « Dix ans. » C'était encore trop pour Matajuro qui insista encore, et la réponse du maître vint : « Peut-être trente ans. » Pensant peut-être que le vieux maître ne l'avait pas bien entendu, Matajuro reposa son affaire clairement : il était prêt à tout pour maîtriser cet art le plus vite possible. « Dans ce cas, il faudra rester avec moi soixante-dix ans, lui dit le maître sans se démonter. Un homme aussi pressé que toi n'apprend jamais vite. »

Telle est la première grande leçon de ce récit : **ce qui nous empêche de réussir, c'est de vouloir à tout prix réussir, tout de suite et maintenant, sans être prêts à apprendre, à écouter, à laisser la possibilité de la transformation s'effectuer**. Le grand art des maîtres zen consiste à libérer l'individu des œillères dans lesquelles il s'enferme quand, à force de ne voir que le problème à résoudre, il est incapable de regarder la situation dans son ensemble. De ce fait, il ne peut rien apprendre.

Quand il comprit qu'il était rejeté pour son impatience, le jeune homme baissa la garde. Le maître put alors lui poser ses conditions : Matajuro deviendrait son disciple, il le formerait, mais il lui serait interdit de toucher un sabre et même de parler d'escrime. Matajuro accepta.

Désormais, ses seules tâches consistaient à cuisiner pour son maître, à lui préparer son lit, à laver sa vaisselle, à nettoyer la cour. Il était dépité, mais il persévérait et ne disait mot.

Trois années s'écoulèrent ainsi. Un matin, sans crier gare, tandis que Matajuro terminait la vaisselle, maître Banzo se plaça derrière lui et lui donna un coup avec un sabre en bois. Il en fut de même tous les jours qui suivirent : Matajuro cuisinait, lavait, Banzo arrivait en catimini et le frappait avec le sabre. À tout moment, le jeune homme devait être prêt à deviner quand le maître et son sabre surgiraient, et à se défendre. Il apprit très rapidement, jusqu'à devenir le plus grand maître d'armes du Japon dont les enseignements se transmettent jusqu'à nos jours.

Les trois premières années de l'apprentissage furent fondamentales : Banzo n'enseigna pas à son disciple l'art du sabre, mais bien plus que cela, à savoir l'importance de se couper de la volonté de réussir la tâche. Matajuro était entièrement tendu vers son but au point d'en oublier d'être vraiment là, vraiment présent, à l'écoute de la situation, capable de développer son attention. Quand il franchit cette étape, et seulement à ce moment, il fut prêt pour l'apprentissage des gestes techniques.

Cette leçon est à retenir : **aucun talent ne se développe s'il est coupé de l'entièreté de l'existence.** Les qualités d'attention, de présence, de vigilance, font le bon menuisier, le bon cuisinier, le bon parent, le bon enseignant, tout autant, voire plus que la seule technique froide. Dès lors qu'il avait intégré l'apprentissage à ce qu'il était, qu'il l'avait placé au cœur de sa vie, dans sa vie au lieu de le considérer comme un élément extérieur à lui, Matajuro avait pu devenir maître d'armes.

Apprendre à être présent à soi-même permet d'être présent à sa tâche.

36

Neige-Blanche et Rose-Rouge
ou la gentillesse stupide

Il était une fois deux jeunes filles qui vivaient dans une petite chaumière avec leur mère, veuve. Neige-Blanche et Rose-Rouge étaient très sages, très aimables, obéissantes, elles s'aimaient tendrement et tenaient leur maison si propre qu'on aurait pu se mirer dedans. Dans leur monde idyllique, tout n'était qu'harmonie et innocence : leur mère veillait à ce qu'il ne leur arrive jamais rien de fâcheux.

À première vue, ce tableau peut sembler paradisiaque. En réalité, il est pétri de conformisme. Ces deux jeunes filles qui n'ont jamais connu la vie, qui n'ont jamais dit non, jamais connu d'épreuves ou, au moins, de mauvaises surprises, oseront-elles plus tard rentrer dans le monde, avoir une existence propre alors qu'elles n'ont pas été armées dans cet objectif ?

Une nuit d'hiver, on frappa à leur porte. Rose-Rouge tira le verrou, pensant ouvrir à un voyageur perdu. Mais elle vit une grosse tête d'ours pousser la porte et s'enfuit en poussant des cris. L'ours s'empressa de rassurer les trois femmes : « Je suis à moitié gelé et je voudrais seulement me réchauffer un peu chez vous », dit-il. Elles le couchèrent devant le feu, balayèrent la neige de sa fourrure, grimpèrent même sur son dos jusqu'à ce qu'il commence à grogner pour être tranquille. L'ours est leur première rencontre avec un aspect plus ambivalent du réel. **Il vient de nuit, dans le froid, mettre un peu de désordre dans ce monde trop lisse mais qui manquait de vie.**

L'ours repartit au matin et revint le soir. Il revint tous les soirs jusqu'à la fin de l'hiver. Il s'étendait devant le feu, Neige-Blanche et Rose-Rouge jouaient avec lui. Mais, à l'arrivée des beaux jours, l'ours leur dit au revoir : la neige avait fondu, et il lui fallait protéger les trésors du monde d'un méchant nain qui n'avait de cesse de vouloir se les accaparer au lieu de les laisser se déployer. Les deux fillettes étaient toutes tristes.

Quelque temps plus tard, en se promenant dans la forêt, les deux sœurs virent un nain dont la longue barbe blanche était coincée dans un arbre. Il s'agitait, sautillait et, les fixant de son regard méchant, il cria : « Que faites-vous plantées là comme deux sottes, niaises figures de crème, au lieu de venir m'aider ? Que vous êtes laides ! — Pauvre petit homme ! » s'exclama Rose-Rouge qui l'aida à dégager sa barbe tandis qu'il continuait de l'invectiver.

Neige-Blanche sortit de petits ciseaux de sa poche. « Bourrique ! » lui dit le nain. Et elle coupa délicatement le bout de la barbe pour le délivrer tandis qu'il continuait à l'injurier.

Dans les semaines qui suivirent, elles rencontrèrent à deux autres reprises ce même nain et le sauvèrent, d'abord d'un poisson qui voulait l'entraîner dans la rivière où il pêchait, ensuite d'un aigle qui essayait de le dévorer. « Sottes », « maladroites », leur lançait le nain sans jamais les remercier. Et il s'en repartait à chaque fois avec un sac rempli de trésors, sans que les deux jeunes filles ne se posent la moindre question.

On voit bien que toutes les forces de la nature tentent d'arrêter le nain dans son œuvre malfaisante, destructrice de la vie, mais elles sont contrecarrées par les deux sœurs qui, dans leur niaiserie, entraînent le monde vers une catastrophe. Leur infinie complaisance les empêche de prendre conscience qu'**il faut parfois savoir trancher, refuser la violence, la méchanceté.**

Elles croisèrent la route du nain une quatrième fois. Il avait vidé devant lui son sac de pierres précieuses et les admirait quand on entendit un grognement terrible. Un énorme ours sortit du bois, se jeta sur lui et le tua d'un coup de patte. Effrayées, Neige-Blanche et Rose-Rouge s'étaient sauvées, mais l'ours courut derrière elle : « C'est moi, votre ami ! Ne me reconnaissez-vous pas ? » Et, puisqu'il s'agit d'un conte, la peau de l'ours tomba d'un coup, et elles virent apparaître un prince vêtu d'habits dorés : en tuant le nain, il avait mis fin au sort qui lui avait été jeté. Et, comme dans tous les contes, celui-ci s'achève par le mariage du prince avec Neige-Blanche – tandis que Rose-Rouge épouse le frère du prince.

Ils vécurent heureux et eurent beaucoup d'enfants, mais j'espère néanmoins que Neige-Blanche et Rose-Rouge ont retenu cette leçon de vie : tout le monde n'est pas gentil. **On ne peut pas avancer dans l'existence en remisant ses capacités de discernement, c'est-à-dire en restant dans une forme de naïveté extrême** qui s'assimile à l'impuissance. Il est important de savoir dire oui, il est tout aussi important de savoir dire non.

La vraie sagesse ne consiste pas à rester dans la naïveté aveugle, superficielle, mais à comprendre que la vraie gentillesse implique aussi la fermeté et la profondeur…

37

La Belle au bois dormant

ou savoir attendre le moment juste

Il était une fois un roi et une reine qui n'avaient pas d'enfant. Ils en étaient très malheureux. La reine tomba enceinte après une longue attente et accoucha d'une fille. Pour son baptême, ils organisèrent une cérémonie fastueuse et invitèrent même des fées. Pour les honorer, ils décidèrent qu'elles seraient servies dans des assiettes en or. Mais ils n'en possédaient que sept. Est-ce pour cette raison qu'ils ne convièrent pas la huitième fée du royaume, il est vrai vieille et laide alors que les autres étaient jeunes et belles ? Ils ne prirent en tout cas pas la peine d'attendre qu'une huitième assiette en or soit confectionnée par leurs artisans.

Les fées sont la puissance de la vie convoquée pour fêter la naissance de l'enfant. De fait, chacune lui fit don d'une qualité : l'intelligence, la grâce, la beauté... Six fées avaient déjà parlé quand la porte de la salle s'ouvrir brutalement pour laisser entrer la huitième fée. Était-elle vraiment méchante ?

Je pense qu'elle représente la dimension de la puissance inconnue, presque brute, non policée, singulière mais si puissante de la vie. Elle était en tout cas furieuse d'avoir été négligée et, en guise de présent, annonça que la princesse se piquerait le doigt à un fuseau à l'âge de 15 ans et mourrait. La septième fée, qui n'avait pas eu le temps de parler, s'avança à son tour. Elle ne pouvait pas annuler la malédiction, mais l'alléger : « La princesse ne mourra pas si elle est piquée, dit-elle, mais elle dormira pendant cent ans et un jeune prince viendra la réveiller. »

Pour protéger sa fille, le roi fit interdire tous les fuseaux du royaume, sous peine de mort. Il maintenait sa fille dans un cocon mais voilà que le jour de ses 15 ans, lui et la reine, totalement insouciants, partirent en voyage. Ils auraient pu attendre que cette date fatidique passe, mais ils n'y songèrent même pas.

Restée seule, la princesse se promena dans le château, décida de visiter la vieille tour où elle n'avait jamais eu le droit d'aller, et là, derrière une porte, une vieille femme filait du lin. « Quelle est cette chose qui bondit joyeusement devant toi ? » lui demanda la princesse en se précipitant sur le fuseau. À peine l'eut-elle touché que le mauvais sort s'accomplit : elle sombra dans un profond sommeil, en même temps que tous les habitants du château, y compris les chiens et les chevaux.

Je pense sincèrement que **la princesse en avait assez d'être enfermée dans ce cocon ouaté supposé la protéger de tout, y compris de la vie elle-même.** Elle était prête à affronter cette épreuve pour pouvoir advenir à sa vie. Prête à se résoudre à dormir cent ans, c'est-à-dire à attendre que le temps soit bon pour se libérer du passé, des coutumes que l'on n'a pas le droit d'interroger.

Au cours du siècle qui s'écoula, un énorme mur de végétation entoura le château qui devenait ainsi inaccessible. Au fil des décennies, plusieurs princes tentèrent d'y accéder, en vain : les épines se tenaient entre elles comme par des mains. Le château de la Belle au bois dormant restait inviolable.

Au bout de longues années, le fils d'un roi passa par le pays. Un vieillard lui révéla l'histoire de la haie d'épines et le mit en garde, mais le prince n'avait plus qu'une idée en tête : voir la Belle au bois dormant – ainsi avait-elle été surnommée. Le vieillard tenta de l'en empêcher, mais le prince ne l'écouta pas. Or, les cent années venaient de s'écouler et, devant ce prince, la végétation s'écarta d'elle-même. Quand il vit la Belle, il se pencha sur elle, l'embrassa et elle ouvrit les yeux.

La Belle ne s'était pas contentée de dormir passivement : durant ce temps, elle s'était préparée, elle s'était transformée, ce qui était fermé s'était ouvert. **Le prince, lui, n'eut besoin d'aucun effort : il était arrivé au moment juste, « le bon moment »,** une expression que nous utilisons fréquemment mais qui mérite d'être réfléchie tant elle est importante.

Je suis convaincu qu'il ne sert à rien de s'agiter quand ce moment n'est pas encore venu. Il naît de la maturation lente, du mouvement de la vie, d'éléments qui se rassemblent doucement. Le bon moment est celui où la fleur éclôt. Accordez-moi qu'il ne sert pas à grand-chose de s'agiter devant une fleur qui se prépare à s'ouvrir. Il y a juste à attendre…

38

Renart

ou l'importance de rire de la vie

Renart est le héros d'un roman du même nom, composé par de multiples auteurs et rassemblé au XIIe siècle pour devenir l'un des livres les plus populaires du Moyen Âge – des extraits étaient racontés par les jongleurs sur les places publiques, pour le plus grand bonheur des populations, dans leur immense majorité illettrées. L'engouement fut tel que Renart a donné son nom aux goupils, les renards justement.

Cet ouvrage est singulier. Parodique, il se moque des romans de chevalerie : ici, les chevaliers sont lâches et les puissants veules. Transgressif, il égratigne même les tabous religieux. Ses personnages principaux sont des animaux : Renart, qui a faim, s'oppose à son oncle Ysengrin, un loup riche et puissant mais sot, ou encore au lion, le roi des animaux, monarque autoritaire mais hors sol. Les humains ne jouent qu'un rôle secondaire et sont, eux aussi, la cible des coups pendables de Renart dont la seule arme pour déjouer son sort douloureux est la ruse.

Ainsi se fait-il passer pour mort en voyant arriver des pêcheurs avec leur charrette chargée de poissons. Heureux de récupérer sa fourrure, ils le ramassent et le balancent dans la charrette. Affamé, Renart s'offre un festin puis déguerpit avec un panier de provisions, laissant les pêcheurs fous de rage. **Renart n'est jamais moral. Il est drôle, il est facétieux, il n'a pas d'autre choix pour ne pas crever de faim.** Il est le précurseur de Robin des bois, de Zorro et de tous les justiciers qui leur ont succédé.

Ainsi se rend-il un matin chez Ysengrin. Renart a le ventre vide ; son oncle lui montre les trois énormes jambons qu'il vient d'acheter mais refuse de lui donner ne serait-ce qu'une tranche. Renart ne se laisse pas démonter : il conseille à son oncle de les cacher pour qu'ils ne soient pas volés, et même de pleurer leur vol pour être certain de ne pas être importuné. Et il s'en va... pour revenir de nuit, en catimini, et s'emparer des jambons. Au matin, son oncle le reçoit, affolé : « On m'a volé mes jambons ! » et Renart le félicite chaudement de suivre son conseil.

On retrouve dans toutes les mythologies un personnage similaire à Renart, astucieux, sans scrupule, qui se moque des puissants, plaisante avec les dieux, dérègle le cours des événements, nous sort d'un monde trop bien réglé dans lequel beaucoup souffrent. Des personnages dotés d'une grande profondeur et qui nous sont salvateurs.

Renart et ceux qui lui ressemblent nous fascinent par leur dimension créatrice, par le coup de pied qu'ils mettent dans la fourmilière. On se prend à rêver d'être comme eux face à un patron qui nous impressionne ou nous terrorise, devant des puissants qui ont le pouvoir et savent bien parler, au milieu des règles qui nous enferment. Ils ne sont pas des héros au sens classique du terme, ils sont même de vrais filous, mais ils nous font rire et, grâce à eux, nous nous sentons moins écrasés, nous avons moins peur.

Il y a sans doute des moments dans la vie où il nous faut être un peu Renart : quand nous nous heurtons aux œillères, à l'aveuglement, quand nous ne voulons pas continuer d'aller droit dans le mur mais que nous estimons que le temps est venu de remettre les choses sur un bon chemin…

39

Riquet à la houppe

ou le sens oublié du don

Deux reines de deux royaumes voisins accouchèrent à quelques années d'intervalle. La première donna naissance à un garçon d'une laideur indescriptible, mais une fée lui offrit le don de l'esprit, ajoutant qu'il pourrait le transmettre à la personne qu'il aimerait le plus au monde. On l'appela Riquet. La deuxième eut deux filles, l'une était très belle et avait peu d'esprit, mais une fée promit qu'elle pourrait donner sa beauté à la personne qu'elle aimerait le plus, l'autre était très laide mais dotée de tant d'esprit qu'on en oubliait sa laideur.

Aucun de ces personnages n'est formaté pour le moule des stéréotypes éducationnels. Ils sont singuliers, différents. À mesure qu'il grandissait, Riquet et la deuxième princesse compensaient leur laideur en devenant de plus en plus brillants, de plus en plus raffinés. Sans doute que s'ils n'avaient pas été mis à l'épreuve par leur physique, ils seraient devenus plus vulgaires, plus ordinaires. La première princesse, elle, avait été rangée dans la case « belle et bête ». À force d'être enfermée dans ce rôle, elle devenait effectivement de plus en plus stupide et maladroite. Elle avait perdu toute possibilité d'être elle-même en dehors de cette case.

Cependant, Riquet et cette princesse disposaient d'une force profonde : la capacité de donner dont était démunie la deuxième princesse. Ils se rencontrèrent un jour fortuitement dans un bois. La belle princesse pleurait de son malheur. Émerveillé par elle, et afin de la consoler, Riquet offrit de lui donner de l'esprit si elle acceptait de l'épouser un an plus tard. La princesse avait si peu d'esprit qu'elle imaginait que la fin de cette année ne viendrait jamais. Elle accepta et Riquet lui fit ce don.

Dans son célèbre essai sur le don, l'anthropologue Marcel Mauss définit celui-ci comme le socle de toute société, de toute relation qui ne peuvent se bâtir en dehors de l'échange : je donne, je reçois, je rends. De plus, ajoute-t-il, **aucun véritable lien social ne peut exister sans cette dimension d'échange**, ce qu'il appelle le don et le contre-don, un « fait social total » qui dépasse largement la seule sphère économique et matérielle : « La raison profonde de l'échange-don, écrit-il, vise davantage à être qu'à avoir. »

Une année s'écoula. La princesse, qui n'était plus sotte, voulait désormais réfléchir avant de prendre une décision – Mauss note d'ailleurs que le contre-don, qui construit la notion de réciprocité, est souvent différé dans le temps. Riquet eut un peu de mal à la convaincre de tenir sa promesse, puis il lui rappela qu'elle avait également le don de rendre beau celui qu'elle aimerait. Elle y consentit et Riquet devint aussitôt à ses yeux l'homme le plus beau du monde. Charles Perrault, à qui l'on doit ce conte, précise ici : « Quelques-uns assurent que ce ne furent point les charmes de la fée qui opérèrent, mais que l'amour seul fit cette métamorphose. »

L'amour, l'amitié, toute relation réelle se construit, s'enrichit à travers le don, à travers l'échange qu'il crée. Quand je donne de mon temps à une personne, je bâtis avec elle une relation d'amitié et, peu à peu, je la vois autrement que si je ne lui avais pas donné ce temps et cette attention. Elle-même m'offrira en échange un merci, un sourire, sans doute un éclat de joie. Elle répondra à mon besoin fondamental qui est celui de tous les êtres humains : celui d'un lien. **Par le don, on se transforme soi-même et on transforme l'autre.**

Quant à la deuxième princesse, qui n'avait pas reçu la grâce du don, elle enlaidissait à vue d'œil. Elle était fière de son intelligence, mais celle-ci était égocentrique, elle ne lui servait qu'à briller puisqu'elle n'avait pas cette capacité de donner qui transforme tout et nous accorde notre place dans le monde. Curieusement, elle disparaît d'ailleurs de l'histoire : Perrault ne dit rien de ce qui advient d'elle.

Sans doute pas grand-chose puisqu'elle était hors du don, hors de l'échange, hors de l'humanité profonde…

40

Blanche-Neige

ou comment se protéger de la jalousie

Un jour d'hiver, une reine était à sa fenêtre. Elle cousait quand elle se piqua le doigt et une goutte de sang tomba sur la neige. Elle s'exclama : « Ah si je pouvais avoir un enfant aussi blanc que cette neige, aux lèvres aussi rouges que ce sang ! » Peu de temps après, une fille lui naquit et on l'appela Blanche-Neige. Mais la reine mourut en couches.

Un an plus tard, le roi épousa une autre femme, très belle mais très vaniteuse. Tous les matins, elle se mirait dans son miroir magique et lui demandait : « Miroir, mon beau miroir, qui est la plus belle de ce royaume ? » Le miroir lui répondait : « Vous êtes la plus belle. » Et elle en était comblée.

Blanche-Neige, elle, grandissait et devenait de plus en plus belle. Elle avait 17 ans quand le miroir, interrogé comme chaque jour par la reine, lui répondit : « Vous êtes belle, mais Blanche-Neige est encore plus belle. » De ce jour, la reine, folle de rage, décida de se débarrasser de cette rivale. Elle fit venir un chasseur, lui demanda d'amener Blanche-Neige dans la forêt et de la tuer.

Mais une fois sur place, alors qu'il tenait déjà son couteau entre les mains, le brave homme eut pitié de la jeune fille. « Sauve-toi loin, mon enfant », lui conseilla-t-il. La pauvre petite se mit à courir. Elle avait peur, elle avait froid et, dès qu'elle aperçut une petite maison, elle y pénétra.

Quelle étrange maison ! Ici, tout était minuscule. La table et les sept couverts dressés, les sept chaises, les sept lits. Blanche-Neige picora dans chaque assiette et s'endormit. À son réveil, elle vit les sept nains, et s'empressa de leur raconter son histoire. Ils l'accueillirent de bon cœur : « Tu peux rester chez nous, lui dirent-ils. Tu t'occuperas de la maison. »

Les sept nains ont sauvé Blanche-Neige d'une mort certaine dans la forêt. **Ils sont en réalité les sept forces qu'il y a en chacun de nous et que nous devons apprivoiser** : la dimension corporelle de Dormeur, la capacité de travailler sur le mal qui nous ronge avec Atchoum, les émotions avec Rêveur et l'intériorité avec Timide, l'intelligence avec Prof et la joie avec Joyeux. Ces sept forces-là que Blanche-Neige découvre vont l'aider à s'accomplir et à faire face à la jalousie.

Le lendemain, avant de sortir travailler dans la montagne, les sept nains mirent en garde la jeune fille : « Ta belle-mère saura bientôt que tu es ici.

Elle n'aura de cesse de se débarrasser de toi. Ne laisse entrer personne ! »

De fait, ce matin-là, interrogeant son miroir, la reine apprit que Blanche-Neige était encore en vie. Elle se jura de l'éliminer de ses propres mains, remonta sa trace, découvrit sa cachette, se déguisa en vieille marchande et vint frapper à sa porte.

Naïve, Blanche-Neige lui ouvrit. Elle lui acheta le corset qu'elle lui proposait, la laissa même le lui enfiler et le serrer. Mais sa belle-mère le serra si fort que la jeune fille en perdit le souffle. La jalousie qui nous vise nous atteint dans notre intégrité physique, elle nous fait mal au corps. En rentrant à la maison, les sept nains, c'est-à-dire les sept forces que nous possédons en nous, trouvèrent la jeune fille inanimée. En coupant le cordon, ils la ramenèrent à la vie.

Mue par sa jalousie, la belle-mère de Blanche-Neige n'eut de cesse de l'atteindre. Elle vint une deuxième fois, toujours déguisée, lui offrit un peigne empoisonné et le glissa dans ses cheveux. **Les dards de la jalousie s'infiltrent à l'intérieur de la personne qui en est victime pour l'abîmer, la souiller.** Quand nous sommes visés par une jalousie aussi implacable, nous perdons confiance en nous, nous sommes inquiets, nous ne savons plus discerner le vrai du faux, nous doutons de tout, y compris de nous-mêmes. Le propre de la jalousie est que nous finissons par ingérer ce poison.

Le soir venu, les nains rentrant à la maison découvrirent une fois de plus Blanche-Neige inanimée sur le sol. Ils lui ôtèrent le peigne, lui arrachant en quelque sorte ces idées mortifères que la jalousie qui la visait avait fini par instiller en elle. Par ce geste, ils lui disent : « N'y crois pas. »

Et il y eut une troisième tentative. La reine offrit à Blanche-Neige une pomme empoisonnée. Face à ce déchaînement de jalousie, Blanche-Neige perdit complètement pied. Cette fois, l'attaque était trop virulente : les sept nains, les sept forces, n'y pouvaient plus rien. Seule l'intervention d'un tiers pouvait sauver la jeune fille. Ce tiers est ici symbolisé par le prince qui s'arrêta devant le cercueil de verre où les nains l'avaient déposée et, en trébuchant sur ce cercueil, fit glisser hors de la gorge de Blanche-Neige le morceau de pomme empoisonnée qu'elle avait mangé. Car vient en effet un moment où l'on ne peut plus rien, tout seul, face à l'entreprise de destruction de la jalousie : une autorité doit intervenir, qu'il s'agisse de la justice, d'un syndicat, d'un supérieur, d'un responsable des ressources humaines.

Ne laissons pas la jalousie que l'on nous porte nous tuer.

Remerciements

Comme dans les contes de fées, la vie nous confronte à des défis, à des obstacles, et parfois même à des ogres inquiétants.

Mais comme dans les contes, il y a parfois des ours bienfaisants, des lutins qui parlent, un pinson, des personnages qui ouvrent des portes ou transforment les citrouilles en carrosses... et permettent de retrouver confiance et d'aller de l'avant.

Je voudrais remercier quelques-uns de êtres, fées, magiciens, qui m'accompagnent d'une manière ou d'une autre.

Et tout d'abord ceux qui m'ont aidé à écrire à ce livre :

Au première chef, Djénane Kareh Tager qui a une oreille magique ; mon éditeur Guillaume Robert et mon agent Susanna Lea.

Je voudrais remercier les cuisiniers qui par leur travail me plongent dans un monde enchanté : Éric Pras, Anne-Sophie Pic et Jérôme Banctel.

Marc-Antoine Corticchiato, dont chaque parfum est un monde bienfaisant.

Jean-François Ganevat qui est un génie des vignes.

Merci à Marie-Pierre Dillenseger, Moussa Nabati, Alexis Lavis, Michel Schittecatte, Jean-Marc Benhaiem, Bruno Viard, Hadrien France-Lanord, Jean-Luc Giribone, Corine Sombrun, Marie de Hennezel dont le travail me nourrit et m'éclaire profondément.

Merci à Alexandre Dana, Alain Gaffinel et Anne Nivat.

Et à Clément qui rend tout possible.

Si vous voulez rester en lien avec moi,
rendez-vous sur mon site

https://www.fabricemidal.com

Vous pourrez y trouver des ressources, mon agenda, mes cours en ligne, des nouvelles de ma chaîne YouTube et vous pourrez aussi vous inscrire à ma newsletter…

Du même auteur

Foutez-vous la paix !, Flammarion|Versilio, 2017.
Sauvez votre peau !, Flammarion|Versilio, 2018.
Traité de morale pour triompher des emmerdes, Flammarion|Versilio, 2019.
Narcisse n'est pas égoïste, Flammarion|Versilio, 2019.
3 minutes de philosophie pour redevenir humain, Flammarion|Versilio, 2020.
Comment rester serein quand tout s'effondre, Flammarion|Versilio, 2020.
Suis-je hypersensible ?, Flammarion|Versilio, 2021.
Suis-je hypersensible ? Le cahier pratique, avec Nathalie Latrille, Flammarion|Versilio, 2021.
Les 5 portes, Flammarion|Versilio, 2022.
La Méthode Foutez-vous la paix !, Flammarion|Versilio, 2022.
Tout ce qui nous empêche d'être heureux... et ce qu'il faut savoir pour l'être, Flammarion|Versilio, 2023.

Philosophie

Comment la philosophie peut nous sauver ?, Flammarion, 2015 (Pocket, 2016).

La Tendresse du monde, l'Art d'être vulnérable, Flammarion, 2013.

Auschwitz, l'impossible regard, Le Seuil, 2012.

Conférences de Tokyo. Martin Heidegger et la pensée bouddhique, Cerf, 2012.

L'Amour à découvert, retrouvez une manière authentique d'aimer, Le Livre de poche, 2012 (paru en 2009 sous le titre *Et si de l'amour on ne savait rien*, Albin Michel).

La Voie du chevalier, Payot, 2009.

Risquer la liberté, vivre dans un monde sans repères, Le Seuil, 2009.

Poésie et art

Petite Philosophie des mandalas : méditation sur la beauté du monde, Le Seuil, 2014.

Pourquoi la poésie ? L'héritage d'Orphée, Pocket, Agora, 2010.

Rainer Maria Rilke. L'Amour inexaucé, Le Seuil, 2009.

Jackson Pollock ou l'Invention de l'Amérique, Éditions du Grand Est, 2008.

Comprendre l'art moderne, Pocket, Agora, 2007.

La Photographie, Éditions du Grand Est, 2007.

Méditation

Méditer, laisser s'épanouir la fleur de la vie, Marabout, 2016.

Être au monde, 52 poèmes pour apprendre à méditer, Les Arènes, 2015.

Méditer pour avoir confiance, 12 méditations guidées pour surmonter peur, angoisse et découragement, Audiolib, 2015.

Frappe le ciel, écoute le bruit, Pocket, 2015.

La Méditation, PUF, coll. « Que sais-je ? », 2014.

Méditations sur l'amour bienveillant, Audiolib, 2013.

Pratique de la méditation, Le Livre de poche, 2012.

Méditations, 12 méditations guidées pour s'ouvrir à soi et aux autres, Audiolib, 2011.

NORD COMPO
multimédia

Composition et mise en pages
Nord Compo à Villeneuve-d'Ascq

Imprimé en France par CPI
en mai 2023

Dépôt légal : mai 2023
N° d'édition : 595977-0
N° d'impression : 174066